결혼·이혼·상속,
그때 세금이
시작된다

결혼·이혼·상속, 그때 세금이 시작된다

2026년 3월 12일 초판 인쇄
2026년 3월 19일 초판 발행

지 은 이 | 박훈, 윤현경
발 행 인 | 오연관
발 행 처 | 삼일피더블유씨솔루션
등 록 번 호 | 1995.6.26. 제3-633호
주   소 | 서울특별시 용산구 한강대로 273 용산빌딩 4층
전   화 | 02)3489-3100
팩   스 | 02)3489-3141
가   격 | 20,000원

ISBN 979-11-6784-521-4   03320

* 삼일인포마인은 삼일피더블유씨솔루션의 단행본 브랜드입니다.

* 잘못된 책은 구입처에서 바꿔 드립니다.

* 삼일인포마인 발간책자는 정확하고 권위있는 해설의 제공을 목적으로 하고 있습니다. 다만 그 완전성이 항상 보장되는 것은 아니고 또한 특정 사안에 대한 구체적인 의견제시가 아니므로, 적용결과에 대하여 당사가 책임지지 아니합니다. 따라서 실제 적용에 있어서는 충분히 검토하시고, 저자 또는 능력있는 전문가와 상의하실 것을 권고합니다.

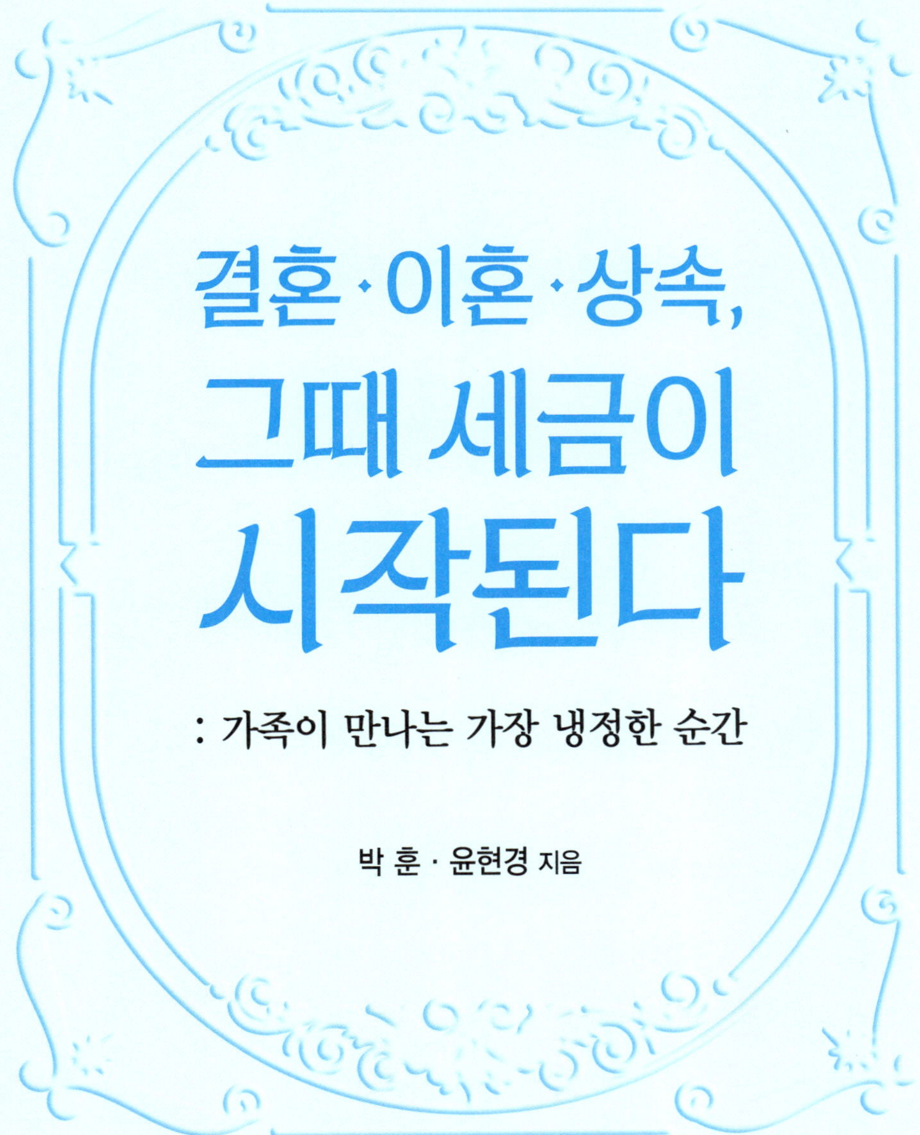

결혼·이혼·상속, 그때 세금이 시작된다

: 가족이 만나는 가장 냉정한 순간

박 훈 · 윤현경 지음

SAMIL | 삼일인포마인

가족의 선택은 사적인데,
결과는 왜 늘 세금으로 돌아올까

최근 대한민국을 떠들썩하게 만든
최태원 SK그룹 회장과 노소영 아트센터 나비 관장의 이혼 소송은
단순한 재벌가의 분쟁을 넘어,
우리 사회의 **가족과 재산, 법과 세금 제도가 어떤 구조와 논리로
작동하는지**를
집약적으로 보여 준 상징적인 사건이었습니다.

지난 2심 판결에서 인정된 (현재 대법원 상고심 계속 중)
1조 3,808억 원이라는 재산분할 액수는
그 규모만으로도 충격적이었지만,
더 많은 사람들의 시선을 붙잡은 것은
"왜 이런 결과가 나왔는가"라는 질문이었습니다.

이 사건은 묻습니다.
부부가 함께 살아온 시간과 기여는

법 앞에서 어떻게 평가되는가,
가족이라는 관계는
재산이라는 숫자로 어디까지 환원될 수 있는가,
그리고 그 끝에서
법과 세금은 어떤 얼굴로 등장하는가.

이 질문은 재벌가만의 문제가 아닙니다.
규모만 다를 뿐,
논리는 우리 모두의 삶에 그대로 적용됩니다.

같은 삶, 다른 계산서

결혼은 개인의 선택입니다.

이혼과 사별 또한 가족 안에서 일어나는 매우 사적인 사건입니다.

그럼에도 불구하고,

이 순간마다 세금은 어김없이 등장합니다.

결혼을 하면 세대가 하나로 합쳐지게 되고,

이혼을 하면 재산분할은 과세대상에서 제외되나,

사별을 하면 상속세 고지서가 도착합니다.

같은 가족,

같은 재산,

같은 삶의 연속선 위에 있는데도

이별의 방식에 따라 결과는 전혀 다르게 계산됩니다.

그래서 많은 사람들이 이렇게 느낍니다.

"이건 좀 이상하지 않은가?"
이 책은 바로 그 감각에서 출발했습니다.

가족의 선택은 사적인데,
왜 그 결과는 늘 세금이라는 공적인 계산으로 돌아올까?

이 책이 다루는 것은 '사건'이 아니라 '구조'다

최태원-노소영 사건이 우리에게 남긴 가장 중요한 메시지는
누가 옳고 그른가에 대한 판단이 아닙니다.

그 사건은
우리 사회의 가족과 재산, 그리고 세금 제도가
어떤 기준과 전제 위에서 작동하고 있는지를
극적으로 드러냈습니다.

부부가 함께 살아온 시간,
한쪽의 소득 활동과 다른 한쪽의 가사·내조,
기업과 가족의 경계,
그리고 이 모든 것을 정리하는 법의 언어.

이 책은
이 거대한 사건을 해설서처럼 분석하려는 책이 아닙니다.
대신,
그 사건이 왜 많은 사람들에게
"내 이야기 같았다"고 느껴졌는지를 설명하려는 책입니다.

이 책은 절세를 위한 책이 아니다

이 책은

세금을 줄이는 요령을 알려 주는 책이 아닙니다.

특정 사건을 흉내 내어

유리한 결과를 얻는 방법을 제시하지도 않습니다.

대신, 이 책은 묻습니다.

- 왜 이런 결과가 나올 수밖에 없는가
- 언제부터 준비하지 않으면 선택지가 사라지는가
- 무엇을 남기지 않았을 때 갈등이 폭발하는가

가족과 세금의 문제는

대부분 **사후에 알게 될수록 더 큰 부담으로 이어지**기 때문입니다.

세금의 액수뿐 아니라,

설명하지 못한 선택이 남기는 비용까지 포함해서 말입니다.

사례에서 출발해, 구조를 이해하고, 선택으로 돌아오다

이 책의 모든 장은
뉴스 속 거대한 사건이 아니라,
우리 주변에서 이미 일어나고 있는 사례들에서 출발합니다.

결혼했더니 다주택자가 되었다는 이야기,
이혼 당시에는 문제없었는데
몇 년 뒤 양도세가 다시 등장한 이야기,
평생 가족처럼 살았지만
법적으로는 가족이 아니라고 설명해야 했던 이야기들입니다.

이 사례들은
특별한 사람들의 이야기가 아닙니다.
이미 많은 가정에서 겪었고,
앞으로도 반복해서 마주하게 될 장면들입니다.

이 책은 이 사례들을 통해
독자가 자연스럽게 묻게 합니다.

"이건 개인의 선택의 문제일까,
아니면 제도가 그렇게 보도록 설계된 결과일까?"

이 책의 구성

PART 1. 가족과 돈, 그리고 국가

— 세금은 언제, 왜 가족의 문제로 들어오는가

제1편은 출발점입니다.
결혼, 이혼, 사별, 상속이라는 인생의 변곡점에서
세금이 왜 반드시 등장하는지를 구조적으로 살펴봅니다.

결혼은 왜 세대와 과세의 기준이 되는지,
이혼은 왜 '청산'으로 보아 세금이 멈추는지,
사별은 왜 가장 큰 과세 사건이 되는지를 차분히 풀어냅니다.

이 편을 읽고 나면,
독자는 세금이 가족을 벌주기 위해 존재하는 것이 아니라
국가가 어떤 가족을 기준으로 삼고 있는지를 보여 주는 장치라는
점을 이해하게 됩니다.

PART 2. 법이 만드는 가족의 경계선

― 현실의 가족과 제도의 가족은 왜 어긋나는가

제2편은 제도의 경계를 다룹니다.

이혼이나 사별 이후의 삶에서
세금이 왜 다시 등장하는지,

사실혼·비혼 동거·재혼 가정처럼
현실에서는 분명 가족인데
제도에서는 늘 설명을 요구받는 관계들이
왜 그렇게 취급되는지를 살펴봅니다.

이 편을 통해 독자는
문제가 개인의 선택이 아니라
제도의 구조에 있다는 사실을 인식하게 됩니다.

PART 3. 가족을 지키는 세금 설계와 미래

― 지금 할 수 있는 선택, 그리고 앞으로의 방향

제3편은 질문에서 멈추지 않습니다.

제6장에서는
절세가 아니라 갈등을 줄이고 설명을 남기는

'가족을 위한 세금 설계'를 다룹니다.

제7장은
왜 가족 세금 제도가 계속 불공평하게 느껴지는지,
그리고 앞으로 무엇이 달라져야 하는지를 살펴봅니다.

제8장은
앞선 모든 이야기를 정리하며
독자를 법과 제도의 언어로 이끄는 장입니다.

PART 4. 결혼·이혼·상속·증여를 더 자세히 들여다보기

— 법령과 판례, Q&A로 확인하는 기준들

제4편은 부록이 아닙니다.

앞의 모든 이야기와 감각을
법령과 판례의 언어로 다시 확인하는 장입니다.

제9장에서는
가족과 관련된 핵심 법령의 구조를 정리하고,
제10장에서는
법원이 실제 사건에서 어떤 기준으로 판단해 왔는지를 살펴봅니다.

그리고 제11장에서는
Q&A를 통해 가족과 관련한 갈등 구조가 현실에서 어떻게
드러나는지를 함께 살펴봅니다.

이 편을 통해 독자는
"왜 법은 그렇게 판단할 수밖에 없었는가"를
분명히 이해하게 됩니다.

이 책을 쓰는 마음

이 책은

특정 가족의 선택을 평가하기 위해 쓰이지 않았습니다.

가족이라는 가장 사적인 관계가

왜 세금 앞에서는 늘 설명을 요구받게 되는지를

이해하기 위해 쓰였습니다.

결혼은 축복이어야 하고,

이별은 슬픔이어야 하며,

상속은 삶의 연속이어야 합니다.

그 과정에서 세금이

가족의 삶을 흔드는 장애물이 아니라,

가족을 지켜 주는 기준이 되기를 바랍니다.

이 책이
독자 여러분이 언젠가 마주하게 될
가장 냉정한 순간들에서,
조금 더 이해한 상태로 선택할 수 있게 해 주는
조용한 안내서가 되기를 바랍니다.

2026년 3월

대표저자 **박 훈**

목차

Part. 4 결혼, 이혼, 상속, 증여에 대해 더 자세히 알아보기

법령과 판례로 한 걸음 더 들어가기   125

Chapter. 9 법령에 대해 알아보기   127

Chapter. 10 판례에 대해 알아보기   139

01
PART

가족과 돈,
그리고 국가

제1편은 이 책의 출발점입니다. 결혼·이혼·상속이라는 인생의
사건이 왜 언제나 세금과 함께 등장하는지를 묻습니다. 이 편에서
독자는 "세금이 왜 이렇게 가족의 삶에 깊이 개입하는가"라는
질문에 대한 구조적 답을 얻게 됩니다. 세금은 가족을 벌주기 위해
존재하는 제도가 아니라, 국가가 어떤 가족을 기준으로 삼고
있는지를 드러내는 장치라는 점을 이해하게 됩니다.

결혼, 함께 가는 길의 법과 세금

사랑은 둘이 하지만,
세금은 하나로 묶인다

결혼했더니, 세금이 늘었다

결혼 1년 차의 신혼부부가 있습니다. 각자 직장을 다니며 살던 시절에는 세금 문제를 크게 의식하지 않았습니다. 두 사람 모두 집 한 채씩을 가지고 있었지만, 그때까지는 별다른 문제가 없었습니다.

그러나 혼인신고를 하고 난 뒤, 세무 상담 자리에서 이런 말을 듣게 됩니다.

"두 분은 이제 다주택자입니다."

부부는 당황합니다. 결혼했다고 집이 늘어난 것도 아니고, 단지 함께 살기로 한 것뿐이었기 때문입니다. 하지만 세금의 대답은 단순합니다. 혼인신고를 한 순간, 세법상 두 사람은 하나의 '세대'로 묶였기 때문입니다.

이 장은 이 질문에서 출발합니다.
결혼하면, 법과 세금은 우리를 어떻게 바라볼까?

법이 보는 부부의 기본 구조

많은 사람들이 결혼을 하면 재산도 자연스럽게 하나가 된다고 생각합니다. 그러나 법의 출발점은 전혀 다릅니다. 우리 민법은 처음부터 **부부별산제**를 원칙으로 합니다. 결혼을 해도 각자의 재산은 각자의 것으로 남아 있다는 뜻입니다.

이 원칙은 결혼을 냉정하게 보기 위해 만들어진 것이 아닙니다. 재산 관계를 명확히 하지 않으면, 오히려 더 큰 분쟁이 발생하기 때문입니다. 문제는 이 원칙이 현실의 공동생활과 끊임없이 충돌한다는 점입니다.

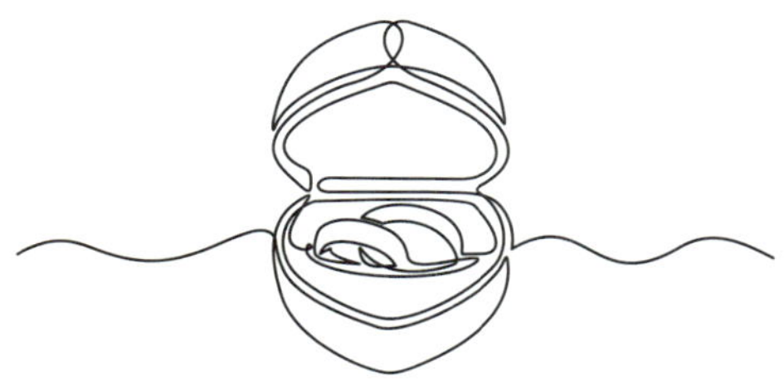

사례 ①

이 집, 우리 집 아니에요?

결혼 후 남편 명의로 아파트를 구입한 부부가 있습니다. 아내는 자연스럽게 "우리 집"이라고 말합니다. 생활비를 아껴 보탰고, 대출 상환도 함께 부담했습니다.

그러나 법은 등기부등본을 먼저 봅니다. 명의가 남편이라면, 그 집은 남편의 재산입니다. 기여의 문제는 나중의 이야기입니다.

많은 부부가 이 지점에서 처음으로 법과 현실 사이의 간극을 체감합니다.

이 사례의 해법

이 사례에서 중요한 점은 지금 당장의 세금 문제가 아니라, **나중에 설명할 수 있는 구조를 만들어 두었는지 여부**입니다. 공동의 자금으로 주택을 마련했다면 공동명의를 선택하는 것도 하나의 방법이 될 수 있고, 단독명의로 유지한다면 어떤 자금이 어떻게 투입되었는지를 부부 스스로 정리해 둘 필요가 있습니다. 특히 이혼이나 상속과 같은 상황이 발생했을 때 "함께 기여했다"는 말만으로는 부족하고, 그 기여가 설명 가능한 형태로 남아 있어야 한다는 점을 염두에 두어야 합니다. 이는 불신의 문제가 아니라, 미래의 분쟁을 줄이기 위한 기록의 문제입니다.

사례 ②

부부 사이 생활비, 왜 설명 대상이 될까

남편이 매달 아내 통장으로 생활비를 보냅니다. 아내는 그 돈으로 식비와 공과금, 자녀 교육비를 부담합니다. 부부에게는 너무나 자연스러운 장면입니다.

그러나 세법은 묻습니다.
"왜 이 돈을 보냈습니까?"

부부 사이의 돈이라 해도, 세법은 원칙적으로 **개인의 재산 이동**으로 출발하기 때문입니다.

이 사례의 해법

이 사례가 말해 주는 핵심은, 부부 사이의 돈이 항상 문제 된다는 뜻이 아니라 **어떤 경우에 설명이 필요해지는지 미리 알고 있었는가**입니다. 정기적인 생활비는 대체로 문제 되지 않지만, 고액의 자금이 일시에 이동할 경우에는 그 성격이 무엇인지 구분이 필요해집니다. 생활비인지, 공동자금인지, 아니면 증여에 가까운지에 따라 세금의 판단은 달라질 수 있습니다. 따라서 부부 공동의 지출을 위한 계좌를 따로 두거나, 큰 금액의 이동에는 그 목적을 스스로 인식해 두는 것만으로도 불필요한 오해와 설명 부담을 줄일 수 있습니다.

사례 ③

결혼했더니 다주택자가 되었다

결혼 전에는 남편도 1주택자, 아내도 1주택자였습니다. 각자 살던 집이었고, 세금 문제는 없었습니다.

하지만 혼인신고와 동시에 두 사람은 세법상 하나의 '세대'로 묶입니다. 그 결과, 결혼했다는 이유만으로 다주택자가 됩니다. 재산이 늘어난 것도 아닌데 세금 부담이 커진 것입니다.

이것이 흔히 말하는 '혼인 페널티'입니다.

↳ 이 사례의 해법

이 사례는 결혼 자체의 문제가 아니라, **세대를 기준으로 설계된 세제 구조의 문제**를 보여 줍니다. 개인이 할 수 있는 선택지는 제한적이지만, 결혼 시점에 주택을 어떻게 보유할 것인지, 단기간 내 매각이나 거주 이전 계획이 있는지를 미리 점검하는 것만으로도 결과는 달라질 수 있습니다. 중요한 점은 이 문제를 결혼 이후에 처음 인식하면 선택지가 급격히 줄어든다는 사실입니다. 혼인은 감정의 결단이지만, 세금은 시점을 기준으로 판단합니다.

사례 ④

부모의 결혼 지원금, 정말 끝일까

부모가 자녀의 결혼을 앞두고 1억 원을 지원했습니다. 혼인 전후 일정 기간 내라면 증여세를 내지 않아도 되는 제도 덕분에, 세금 문제는 없었습니다.

많은 사람들이 이 지점에서 안심합니다. "세금은 끝났구나."

그러나 이 돈은 완전히 끝난 것이 아닐 수 있습니다.

이 사례의 해법

이 사례에서 중요한 점은 결혼 지원금이 '공제대상'이라는 사실보다, **시간의 조건이 붙어 있다는 점**입니다. 부모가 사망 전 10년 이내에 이 지원금을 제공했다면, 그 금액은 다시 상속재산에 포함될 수 있습니다. 따라서 결혼 지원금은 지금의 세금만이 아니라, 장래의 상속 구조까지 함께 고려해야 합니다. 지원의 목적과 맥락을 스스로 인식하고 있는 것만으로도, 이후의 설명 부담은 크게 줄어듭니다.

왜 법은 부부를 '각자'로 볼까

법과 세법이 부부를 하나가 아니라 각자로 보는 이유는 단순한 냉정함 때문이 아닙니다. 핵심에는 **담세력**, 즉 "누가 세금을 부담할 능력이 있는가"라는 개념이 있습니다.

세법은 원칙적으로 개인을 과세의 출발점으로 삼습니다. 문제는 이 원칙이 현실의 부부 생활과 충돌한다는 점입니다. 실제로는 공동으로 형성한 재산인데, 법은 명의와 형식부터 봅니다.

이 괴리가 바로 부부 간 증여 추정, 혼인 페널티, 결혼과 이혼·사별 간 과세 차이를 연쇄적으로 만들어냅니다.

핵심 정리

✦ 결혼해도 재산은 자동으로 하나가 되지 않는다.

✦ 법은 부부를 각자의 경제 주체로 본다.

✦ 부부 사이의 자금 이동도 설명이 필요해질 수 있다.

✦ 결혼은 세대와 과세 구조를 바꾼다.

✦ 혼인 관련 혜택에는 시간이라는 조건이 숨어 있다.

독자 체크리스트

결혼과 세금, 나는 어디에 서 있을까

☐ 결혼하면 재산도 자연스럽게 하나가 된다고 생각해 왔다

☐ 부부 사이의 돈은 세금 문제가 될 수 없다고 믿고 있다

☐ 혼인신고가 세대·주택·세금에 미치는 영향을 잘 모른다

☐ 부모의 결혼 지원금이 상속과 연결될 수 있다는 점을 생각해 본 적이 없다

🔍 체크리스트 해석

이 체크리스트는 점수를 매기기 위한 것이 아닙니다. 체크한 항목이 많다면, 아직 세법의 실제 구조와 영향에 대해 충분히 인식하지 못했을 가능성이 있습니다. 반대로 체크하지 않은 항목이 많다면, 이미 이 장에서 설명한 세법의 구조와 영향을 어느 정도 이해하고 있을 가능성이 있습니다. 어느 쪽이든 틀린 답은 아닙니다. 이 체크리스트는 **지금의 내가 이 문제를 얼마나 가까이에서 마주하고 있는지**를 확인하기 위한 표시입니다.

이혼, 함께 정리하는 길의 법과 세금

살아서 헤어지면 세금이 없고,
죽어 헤어지면 세금이 붙는다

같은 재산, 전혀 다른 계산서

30년을 함께 산 부부가 있습니다. 같은 집에서 살았고, 같은 방식으로 돈을 모았으며, 같은 인생을 나눴다고 생각했습니다.

그런데 인생의 마지막 장면이 달라지자, 전혀 다른 계산서가 등장합니다.

- **이혼**으로 헤어지면 → 재산분할에는 세금이 없습니다.
- **사별**로 헤어지면 → 상속세 고지서가 날아옵니다.

같은 부부, 같은 재산, 같은 공동생활이었는데 결과는 극단적으로 갈립니다.

많은 사람들이 이 지점에서 이렇게 묻습니다.
"같이 모은 재산을 정리하는 건데, 왜 이렇게 다를 수 있죠?"

이 장은 바로 이 질문에서 출발합니다.

법이 이혼을 바라보는 기본 관점

이혼 과정에서 이루어지는 재산분할은 세법상 매우 독특한 위치에
있습니다. 수억 원의 재산이 이동하더라도, 재산분할에는
원칙적으로 **세금이 부과되지 않습니다**.

그 이유는 단순합니다. 법은 이혼을 재산의 '이전'이 아니라,
공동재산의 '청산'으로 보기 때문입니다.

즉, 이혼은 새로 무언가를 얻는 것이 아니라, 이미 함께 형성한 몫을
정리하는 과정이라는 인식입니다.

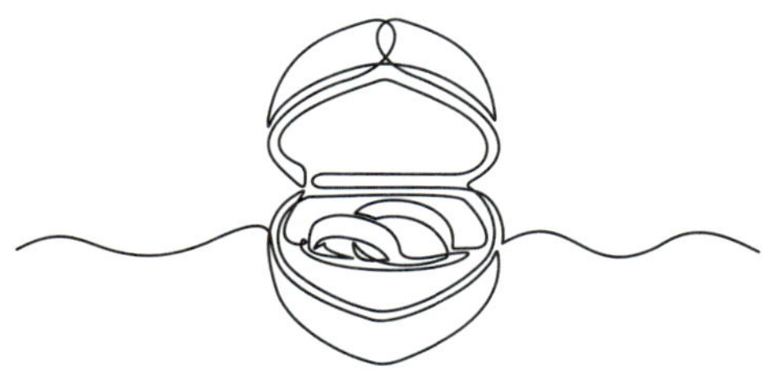

사례 ①

30년을 같이 살았는데, 반 주세요

결혼 30년 차 부부가 이혼을 하게 되었습니다. 남편은 직장 생활을 했고, 아내는 전업주부로 가사와 육아를 맡았습니다. 재산은 대부분 남편 명의로 되어 있었습니다.

이혼 과정에서 아내는 이렇게 말합니다.
"명의는 남편이지만, 이 재산은 저도 함께 만든 겁니다."

법원은 이 주장을 받아들였고, 상당한 비율의 재산분할을 인정했습니다. 아내는 수억 원의 재산을 받게 되었지만, **증여세도, 소득세도 부과되지 않았습니다.**

↳ 이 사례의 해법

이 사례가 보여주는 핵심은 소득의 유무가 아니라 **공동생활에 대한 기여가 어떻게 평가되는가**입니다. 법은 혼인 기간 동안 형성된 재산이라면, 그 형성 과정에 대한 기여를 폭넓게 인정합니다. 전업주부의 가사노동과 육아 역시 재산 형성의 중요한 요소로 보게 됩니다. 실무적으로 중요한 점은 이 재산이 혼인 중 형성된 것인지, 그리고 재산분할이라는 법적 성격이 분명히 드러나 있는지입니다. 이혼 합의서나 판결문에 '재산분할'로 명확히 적시되어 있다면, 이후 세금 문제로 번질 가능성은 크게 줄어듭니다.

사례 ②

위자료와 재산분할, 말 한마디의 차이

이혼 과정에서 남편이 아내에게 건물 한 채를 넘기기로 했습니다. 실질적으로는 재산을 나누는 과정이었지만, 합의서에는 이렇게 적혀 있었습니다.

"위자료로 건물 1채를 지급한다."

겉으로 보기에는 큰 차이가 없어 보이지만, 세법의 시선은 전혀 다릅니다.

이 사례의 해법

이 사례에서 중요한 점은 **재산이 이동하는 이유가 무엇으로 설명되고 있는가**입니다. 재산분할은 공동재산의 청산으로 보아 과세되지 않는 것이 원칙이지만, 위자료는 손해배상이나 증여로 해석될 여지가 있습니다. 따라서 이혼 합의서에서는 재산분할과 위자료가 명확히 구분되어야 합니다. 단어 하나가 세금의 출발점을 바꿀 수 있기 때문입니다. 이 문제는 세금을 피하기 위한 기술이 아니라, 법적 성격을 정확히 드러내기 위한 표현의 문제입니다.

사례 ③

이혼했더니, 1주택자가 되었다

이혼 전에는 부부 공동명의로 집 두 채를 보유하고 있었습니다. 이혼 과정에서 각자 한 채씩 나누어 갖게 되었습니다.

이혼 후 두 사람은 각각 **1세대 1주택자**가 되었고, 이후 주택을 처분하면서 양도소득세 혜택을 받을 수 있었습니다.

이 사례의 해법

이 사례는 이혼이 항상 세금 부담을 키우는 사건만은 아니라는 점을 보여 줍니다. 이혼 이후의 세금은 '이혼 자체'보다 **그 이후의 재산 보유 구조와 세대 구성**에 따라 결정됩니다. 따라서 재산분할을 할 때에는 지금 당장의 균형뿐 아니라, 이혼 이후 각자의 주택 수와 향후 처분 계획까지 함께 고려하는 것이 필요합니다. 이혼은 세금의 종착점이 아니라, 새로운 과세 구조의 출발점이 될 수 있습니다.

왜 여기서부터 결과가 달라질까

이혼과 사별은 모두 혼인의 종료입니다. 그러나 법은 이 둘을 전혀 다르게 취급합니다. 이혼은 살아 있는 두 사람이 관계를 정리하는 사건이고, 사별은 사망이라는 되돌릴 수 없는 사건입니다. 이 차이로 인해 재산은 청산되기도 하고, 이전되기도 합니다. 그리고 바로 이 지점에서 세금의 유무가 갈립니다.

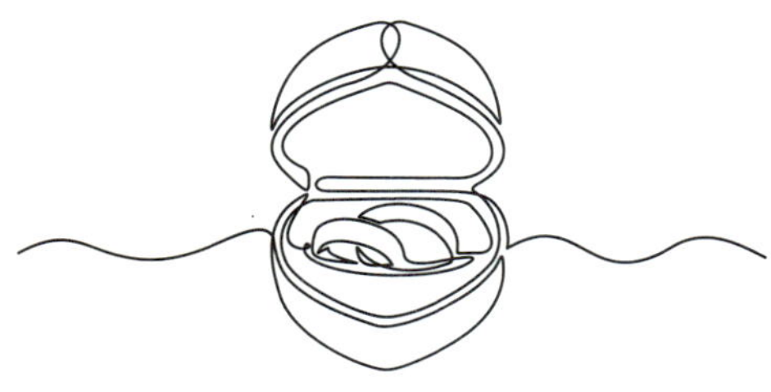

왜 이혼은 '청산', 사별은 '이전'일까

이혼은 공동생활이 종료되는 순간이지만, 재산의 주체는 그대로
살아 있습니다. 반면 사별은 한 사람의 사망으로 인해 재산의 주체
자체가 사라지는 사건입니다. 이 차이가 법과 세금의 판단을
근본적으로 갈라놓습니다. 이혼에서는 '누가 무엇을
가져가느냐'보다 '어떻게 정리하느냐'가 중요해지고, 사별에서는
'무엇이 누구에게 이전되느냐'가 핵심이 됩니다.

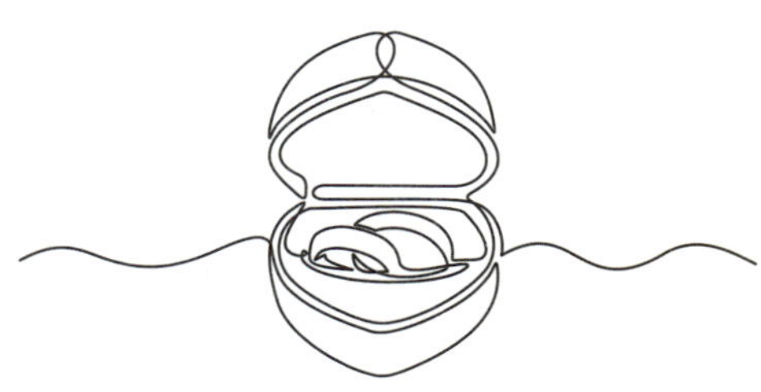

핵심 정리

- ✦ 이혼 재산분할은 공동재산의 청산으로 본다

- ✦ 혼인 중 형성된 재산은 기여의 방식이 폭넓게 인정된다

- ✦ 재산분할과 위자료는 세금 결과가 다를 수 있다

- ✦ 이혼 이후의 세금은 새로운 구조에서 다시 계산된다

- ✦ 이혼과 사별의 차이는 제도의 시선에서 비롯된다

독자 체크리스트

이혼과 세금, 나는 어디에 서 있을까

☐ 재산분할과 위자료의 차이를 명확히 구분하고 있다

☐ 이혼 합의서의 문구가 세금에 영향을 미친다는 점을 알고 있다

☐ 이혼 이후의 주택 수와 세대 구성을 생각해 본 적이 있다

☐ 사별과 이혼의 세금 차이를 당연하게 여겨 왔다

⊙ 체크리스트 해석

이 체크리스트는 준비 정도를 평가하기 위한 것이 아닙니다. 체크한 항목이 많다면, 이혼과 관련된 세법 구조와 주요 쟁점을 이미 충분히 이해하고 있을 가능성이 높습니다. 반대로 체크하지 않은 항목이 많다면, 아직 이 문제가 실제 상황으로 다가오지 않았다는 의미일 수 있습니다. 어느 쪽이든 잘못된 답은 아닙니다. 이 체크리스트는 **이혼이라는 사건을 세금의 관점에서 얼마나 생각해 본 적이 있는지를** 스스로 확인하기 위한 장치입니다.

사별, 남겨진 사람에게 도착한 계산서

같은 이별,
왜 세금은 여기서 시작될까

장례가 끝난 뒤, 상속세 고지서

장례가 끝난 지 얼마 지나지 않아 우편물이 도착합니다. 봉투를 열어보니 '상속세 신고 안내문'이라는 제목이 눈에 들어옵니다.

남편과 함께 40년을 살아왔고, 재산도 함께 모았다고 생각했지만, 그 순간 아내는 처음으로 이런 질문을 하게 됩니다.

"이 재산이 전부 남편의 것이었나요?"

이혼과 달리, 사별은 선택이 아닙니다. 그러나 세금은 그 선택의 여부를 묻지 않습니다. **사망이라는 사건이 발생한 순간**, 세금은 아주 분명한 언어로 말을 걸어옵니다.

이 장은 이 질문에서 출발합니다.
왜 사별은, 이혼과 전혀 다른 세금의 출발점이 될까?

법이 사망을 바라보는 방식

사망이 발생하면, 법은 그 순간을 기준으로 한 사람의 재산을 다시
정리합니다. 살아 있을 때는 개인의 재산이었던 것들이, 사망과
동시에 '상속재산'이라는 하나의 덩어리로 재구성됩니다.

이때 중요한 점은, 그 재산이 실제로 어떻게 형성되었는지가
아니라, **누구의 명의로 되어있는지**입니다. 공동생활의
결과였는지는 세금 계산의 출발점이 아닙니다.

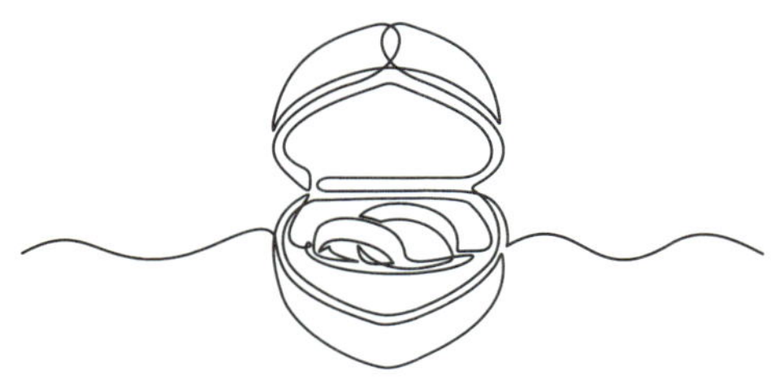

우리가 같이 모은 돈인데요

남편 명의의 아파트 한 채와 금융자산이 있습니다. 결혼 기간 동안 아내는 가사를 맡았고, 남편은 직장 생활을 했습니다. 부부는 당연히 이 재산을 '우리의 것'이라고 생각해 왔습니다.

그러나 남편이 사망하자, 이 재산은 전부 **남편의 상속재산**이 됩니다. 아내는 상속인이지만, 동시에 **상속세 납세의무자**가 됩니다.

↳ 이 사례의 해법

이 사례가 보여주는 핵심은 **상속세가 '기여'가 아니라 '이전'을 기준으로 작동한다는 점**입니다. 혼인 기간 동안 함께 형성한 재산이라 하더라도, 사망이라는 사건이 발생하면 법은 이를 '누구의 재산이 누구에게 넘어갔는가'라는 틀로 다시 봅니다. 배우자 상속공제 제도는 이러한 부담을 완화하기 위한 장치이지만, 그 역시 한도가 정해져 있습니다. 따라서 상속세 문제는 사망 이후에 대응할 문제가 아니라, 생전에 어떤 구조로 재산을 정리해 두었는지가 더 중요해집니다. 이 점을 인식하는 것만으로도 상속을 둘러싼 혼란은 상당 부분 줄어들 수 있습니다.

사례 ②

배우자가 있는데도 세금이 많다

많은 사람들이 이렇게 생각합니다.

"배우자가 상속받으면 세금이 거의 없지 않나요?"

실제로 배우자 상속공제는 매우 큰 제도입니다. 그러나 이 제도에도
분명한 **한계**가 있습니다.

재산 규모가 커질수록, 배우자 공제만으로는 상속세를 모두
흡수하지 못하는 경우가 발생합니다.

이 사례의 해법

이 사례에서 중요한 점은 **배우자 상속공제가 '전부를 덮어주는 제도'가 아니라는
사실**입니다. 공제에는 명확한 한도가 있고, 상속재산의 규모가 커질수록 그
한계는 빠르게 드러납니다. 또한 배우자에게 재산을 집중시키는 방식이 항상
최선의 선택이 아닐 수도 있습니다. 자녀 상속, 생전 증여, 보험 활용 등 다양한
방식이 결합될 때 상속 구조는 훨씬 안정적으로 설계될 수 있습니다. 중요한
것은 제도의 존재를 아는 것보다, 그 제도가 어디까지 작동하는지를 정확히
이해하는 것입니다.

사례 ③

사전증여, 끝난 줄 알았던 이야기

부모는 생전에 자녀에게 상당한 재산을 증여했습니다.

세금도 이미 납부했고, 모든 절차가 끝난 것처럼 보였습니다.

그러나 부모가 사망하자,

그 증여는 다시 상속 계산 안으로 들어옵니다.

이 사례의 해법

이 사례는 **시간이라는 요소가 상속세에서 얼마나 중요한 기준인지를** 보여 줍니다. 상속 개시 전 일정 기간 내의 증여는, 이미 증여세를 냈더라도 다시 상속재산에 포함될 수 있습니다. 이는 이중과세가 아니라, 상속재산의 범위를 계산하기 위한 장치입니다. 따라서 사전증여는 단순히 '미리 주었다'는 사실만으로 끝나는 문제가 아니라, 언제 주었는지, 어떤 맥락에서 이루어졌는지를 함께 고려해야 합니다. 상속과 증여는 서로 분리된 제도가 아니라, 시간의 흐름 속에서 연결된 제도입니다.

사례 ④

현금은 없고, 세금만 남았을 때

상속재산의 대부분이 부동산이었습니다.

그러나 상속세는 현금으로 납부해야 했습니다.

남겨진 가족은 세금을 마련하기 위해 급하게 자산을 처분해야
했습니다.

⤷ 이 사례의 해법

이 사례는 상속세 문제의 본질이 **세율보다 유동성에 있다는 점**을 보여 줍니다.
상속재산이 크더라도 현금이 부족하면 상속은 곧바로 부담으로 바뀝니다. 이
문제를 완화하기 위해 연부연납, 물납, 보험 활용과 같은 제도가 존재하지만,
이러한 선택지는 사망 이후가 아니라 생전에만 충분히 준비할 수 있습니다.
상속을 '재산의 규모'가 아니라 '재산의 구성' 문제로 바라보는 시각이 필요한
이유입니다.

다시 돌아오는 질문

이혼과 사별은 모두 혼인의 종료입니다. 그러나 세금은 이 둘을 완전히 다르게 취급합니다.

이혼은 살아 있는 두 사람이 관계를 정리하는 사건이고, 사별은 사망이라는 **되돌릴 수 없는 사건**입니다. 이 차이 하나가, 세금의 출발점을 갈라놓습니다.

상속세는 왜 '유산 전체'를 기준으로 할까

우리나라 상속세는 유산세 방식을 기본으로 취하고 있습니다. 누가 얼마를 받았는지가 아니라, **사망자가 얼마를 남겼는지**를 기준으로 과세합니다.

이 구조는 조세 형평을 고려한 선택이지만, 동시에 상속인 개인에게는 매우 큰 부담으로 다가올 수 있습니다. 특히 공동생활의 현실을 충분히 반영하지 못한다는 한계도 함께 안고 있습니다.

핵심 정리

- ✦ 사별은 재산 주체가 사라지는 사건이다

- ✦ 상속세는 재산의 '이전'을 기준으로 과세한다

- ✦ 배우자 상속공제에는 명확한 한계가 있다

- ✦ 사전증여는 시간의 기준에 따라 다시 계산될 수 있다

- ✦ 상속세의 핵심 문제는 유동성에 있다

독자 체크리스트

사별과 상속, 나는 어디까지 생각해 보았을까

☐ 상속세가 왜 부과되는지 구조적으로 이해하고 있다

☐ 배우자 상속공제의 한계를 알고 있다

☐ 사전증여가 상속과 연결된다는 점을 인식하고 있다

☐ 상속세를 납부할 현금 구조를 생각해 본 적이 있다

🔍 체크리스트 해석

이 체크리스트는 준비 여부를 평가하기 위한 도구가 아닙니다. 체크한 항목이 많다면, 상속과 관련된 세법 구조와 주요 쟁점에 대해 이미 충분히 이해하고 있을 가능성이 높습니다. 반대로 체크하지 않은 항목이 많다면, 상속과 세법의 구조를 보다 체계적으로 이해할 필요가 있습니다. 어느 쪽이든 옳고 그름의 문제는 아닙니다. 이 체크리스트는 **상속이라는 사건을 '언젠가'가 아니라 '구조'로 생각해 본 적이 있는지**를 스스로 확인하기 위한 장치입니다.

법이 만드는
가족의 경계선

제2편은 이미 세금의 기본 구조를 이해한 독자를 한 걸음 더
나아가게 합니다. 이 편에서는 이혼 이후, 사별 이후, 재혼 이후의
삶에서 세금이 어떻게 다시 등장하는지를 살펴보고, 사실혼·비혼
동거·재혼 가정처럼 제도가 충분히 포섭하지 못한 가족들이 왜 늘
'설명해야 하는 존재'가 되는지를 다룹니다. 독자는 "문제가
개인의 선택이 아니라 제도의 경계 설정에 있다"는 점을
자연스럽게 인식하게 됩니다.

이혼·사별 이후,
세금은 다시 시작된다

관계가 끝난 뒤에도
계산은 남는다

모든 것이 정리된 줄 알았는데

이혼이든 사별이든, 그 순간에는 이렇게 생각하기 쉽습니다.
"이제는 다 끝났다."

관계는 끝났고, 재산도 정리했습니다.
하지만 시간이 조금 흐른 뒤, 새로운 세금 문제가 다시 등장합니다.

- 집을 팔려고 하니 양도소득세가 문제 되고
- 임대소득이 생기자 세금 신고가 필요해지고
- 재산을 자녀에게 넘기려 하니 다시 증여세가 떠오릅니다

이 장은 바로 이 질문에서 시작합니다.
관계가 끝난 뒤의 삶에서, 세금은 왜 다시 등장할까?

관계가 끝났다고 세금도 끝나는 것은 아니다

'이후의 삶'이라는 새로운 출발점

이혼과 사별은 재산 관계의 정리로 끝나는 사건이 아닙니다. 오히려 그 이후부터, 각자는 **새로운 세금 주체(납세의무자)**로 살아가게 됩니다.

이때 세금은 과거의 관계를 보지 않습니다.
지금의 상태, 지금의 재산, 지금의 소득을 기준으로 다시 계산합니다.

사례 ①

이혼 후 집을 팔았더니 세금이 나왔다

이혼 과정에서 아파트 한 채를 재산분할로 받았습니다. 이혼 당시에는 세금이 없었고, 모든 것이 깔끔하게 끝난 줄 알았습니다.

몇 년 뒤, 이 집을 팔려고 하자 양도소득세가 문제 됩니다. 이혼 당시의 비과세와는 전혀 다른 계산서입니다.

이 사례의 해법

이 사례에서 중요한 점은 **이혼 당시의 비과세와 이후의 과세가 전혀 다른 문제라는 사실**입니다. 이혼 과정에서 이루어진 재산분할은 공동재산의 청산으로 보아 과세되지 않지만, 이혼 이후 각자가 보유한 재산은 독립적인 과세 대상이 됩니다. 따라서 주택을 언제, 어떤 지위에서 보유하게 되었는지가 이후 세금에 직접적인 영향을 미칩니다. 이혼은 세금의 종착점이 아니라, 새로운 과세 구조의 시작이라는 점을 인식하는 것이 무엇보다 중요합니다.

사례 ②

사별 후 1주택, 정말 안전할까

배우자 사망 이후, 한 채의 주택만을 보유하게 되었습니다.

주변에서는 "이제 1주택이니 걱정 없다"고 말합니다.

그러나 실제 세금 계산은

그렇게 단순하지 않을 수 있습니다.

이 사례의 해법

이 사례는 **주택 수보다 '취득 시점과 보유 기간'이 더 중요해질 수 있다는 점을** 보여 줍니다. 사별로 인한 상속 취득은 일반적인 취득과는 다른 기준이 적용되며, 거주 요건이나 보유 기간의 판단에서 예상치 못한 결과가 나타날 수 있습니다. 따라서 사별 이후의 주택 처분은 '지금 몇 채를 가지고 있는가'보다, 그 주택을 어떤 경로로 취득했고 얼마나 보유했는지를 함께 고려해야 합니다. 상속은 주택 수를 줄여 주기도 하지만, 세금 구조를 단순화해 주지는 않습니다.

사례 ③

재혼했더니 다시 복잡해졌다

이혼이나 사별 이후, 재혼을 고민하는 시점에 가장 많이 나오는
질문 중 하나는 이것입니다.

"재혼하면 세금은 어떻게 달라질까?"

특히 각자 자녀가 있는 경우, 이 질문은 더 복잡해집니다.

↳ 이 사례의 해법

이 사례가 보여주는 핵심은 **재혼이 감정의 문제이면서 동시에 과세 구조의
재편이라는 점**입니다. 재혼으로 인해 세대가 합쳐지면 주택 수, 공제 요건, 각종
세제 혜택의 기준이 다시 계산됩니다. 설령 재산을 철저히 분리해
관리하더라도, 세법은 여전히 '세대'를 기준으로 판단하는 영역이 많습니다.
따라서 재혼은 과거를 정리하는 사건이 아니라, 새로운 기준 위에서 삶을 다시
설계하는 계기가 됩니다.

혼자 남은 뒤 시작된 임대소득

이혼이나 사별 이후,

생활비를 보완하기 위해 부동산을 임대하게 되었습니다.

소득은 크지 않았지만,

세금 문제는 예상보다 복잡했습니다.

이 사례의 해법

이 사례는 **관계의 변화가 소득의 성격을 바꾼다는 점**을 보여 줍니다. 혼인 중에는 부부 공동의 소득처럼 인식되던 임대수입이, 이혼이나 사별 이후에는 개인의 과세 소득으로 명확히 분리됩니다. 이 과정에서 신고 방식이나 공제 요건이 달라질 수 있고, 그 차이를 인식하지 못하면 불필요한 부담이 생길 수 있습니다. 이혼·사별 이후의 세금 문제는 재산보다 오히려 소득에서 먼저 드러나는 경우가 많습니다.

이 장이 던지는 하나의 질문

이혼·사별 이후의 세금은
과거의 관계를 기준으로 하지 않습니다.

세금은 언제나 이렇게 묻습니다.

"지금 당신은 누구이며,
지금 무엇을 가지고 있습니까?"

이 질문에 답할 준비가 되어 있는지가
이 장의 핵심입니다.

왜 '이후의 세금'은 더 복잡하게 느껴질까

이혼이나 사별 이후에는

소득, 재산, 세대, 가족관계가 동시에 변합니다.

세금 제도는 이 변화를 각각의 규정으로 나누어 반영합니다.
그 결과, 전체 그림은 오히려 더 복잡하게 느껴집니다.

이 복잡함은 개인의 문제가 아니라,
제도의 설계 방식에서 비롯된 현상입니다.

핵심 정리

✦ 이혼·사별은 세금의 끝이 아니라 시작이다

✦ 재산분할·상속과 이후의 과세는 구분된다

✦ 이후의 세금은 보유 구조와 처분 시점에 따라 달라진다

✦ 재혼은 과세 기준을 다시 바꾸는 사건이다

✦ 관계의 종료는 곧 독립 과세의 출발점이다

독자 체크리스트

이혼·사별 이후, 나는 무엇을 예상하고 있을까

☐ 이혼·사별 이후의 세금이 다시 시작된다는 점을 인식하고 있다

☐ 주택을 언제, 어떤 경로로 취득했는지를 설명할 수 있다

☐ 재혼이 세대와 과세 기준에 영향을 미친다는 점을 알고 있다

☐ 이후의 임대소득이나 양도소득을 생각해 본 적이 있다

🔍 체크리스트 해석

이 체크리스트는 대비 수준을 평가하기 위한 것이 아닙니다. 체크한 항목이 많다면, 이미 이혼·사별 이후의 삶을 현실적인 문제로 바라보고 있다는 의미일 수 있습니다. 반대로 체크하지 않은 항목이 많다면, 아직 이 시점을 하나의 '새 출발'로만 인식하고 있을 가능성이 큽니다. 어느 쪽이든 옳고 그름은 없습니다. 이 체크리스트는 **관계의 종료 이후를 세금의 시선으로 한 번이라도 생각해 보았는지**를 확인하기 위한 장치입니다.

법이 인정하지 않는 가족들

함께 살아도,
설명해야 하는 관계들

가족이 아니라고요?

결혼·이혼·상속, 그때 세금이 시작된다

20년을 함께 살았습니다. 병원에도 함께 다녔고, 생활비도 나눴으며, 주변 사람들 모두가 부부로 알고 있었습니다.

그런데 한 사람이 갑자기 세상을 떠나자, 남은 사람은 이런 말을 듣습니다.

"법적으로는 가족이 아닙니다."

그 말 한마디로,

- 상속인은 될 수 없고
- 세법상 배우자도 아니며
- 공제도 적용되지 않습니다

이 장은 이 질문에서 출발합니다.
함께 살았던 사람은 왜 세금의 세계에서는 '없는 사람'이 될까?

가족은 누구까지일까

법과 세금은 가족을 무한히 확장하지 않습니다.
대신, **명확한 선**을 긋습니다.

- 혼인신고가 된 배우자
- 혈연 중심의 직계존비속

이 경계 밖에 있는 관계는,
아무리 현실에서 가족처럼 살아왔더라도
세금의 계산표에는 오르지 못합니다.

이 장에서 다루는 가족들은
'예외'가 아니라,
현실이 제도를 앞서가고 있다는 증거입니다.

사례 ①

사실혼 배우자, 왜 늘 설명의 대상이 될까

혼인신고는 하지 않았지만

수십 년을 함께 살아온 부부가 있습니다.

재산도 함께 형성했고, 생활도 공동으로 유지해 왔습니다.

그러나 한 사람이 사망하자,

남겨진 사람은 배우자로 인정받지 못합니다.

상속권도, 배우자 공제도 적용되지 않습니다.

↳ 이 사례의 해법

이 사례가 보여주는 핵심은 **법이 '함께 살아온 사실'보다 '신분의 형성'을 우선한다는 점**입니다. 사실혼 관계는 민사적으로는 일정 부분 보호받을 수 있지만, 상속과 세금의 영역에서는 명확한 한계를 가집니다. 따라서 사실혼 관계에서는 생전에 재산의 귀속과 이전 방식을 더 분명히 정리해 둘 필요가 있습니다. 이는 관계를 의심해서가 아니라, 법이 요구하는 기준이 다르다는 사실을 인식하는 데서 출발합니다.

사례 ②

같이 키운 아이, 법적으로는 남의 아이

아이가 있는 미혼모와 결혼하여

어릴 때부터 함께 살며 키운 아이가 있습니다.

부모와 다름없는 관계였고,

아이 역시 그렇게 인식하고 자랐습니다.

그러나 법적으로는 입양 절차가 이루어지지 않았습니다.

그 결과, 상속이나 증여의 순간에

이 아이는 '타인'으로 분류됩니다.

↳ 이 사례의 해법

이 사례는 **돌봄의 현실과 법적 지위 사이의 간극**을 보여 줍니다. 법은 양육의
사실보다, 입양이라는 법적 절차를 통해 형성된 관계를 기준으로 판단합니다.
이로 인해 증여세나 상속세에서 불리한 결과가 발생할 수 있습니다.
따라서 아이와의 관계를 법적으로도 가족으로 인정받고자 한다면,
적절한 시점에 입양 절차를 검토하는 것이 필요합니다. 이는 제도의
냉정함이 아니라, 제도가 작동하는 방식에 대한 이해의 문제입니다.

사례 ③

비혼 동거, 어디까지 가족일까

혼인신고 없이 함께 살며

경제적으로도 서로를 의지하는 관계가 늘고 있습니다.

그러나 세법은 여전히

개인을 기준으로 판단합니다.

주택을 함께 사용해도,

세대는 분리되어 있고,

서로의 재산은 원칙적으로 무관한 것으로 봅니다.

↳ 이 사례의 해법

이 사례에서 중요한 점은 **비혼 동거 관계에서는 '가족으로서의 자동 보호'를 기대하기 어렵다는 사실**입니다. 세법은 혼인이라는 법적 신분을 기준으로 여러 혜택과 제한을 설정하고 있기 때문에, 그 외의 관계는 기본적으로 개인 단위로 취급됩니다. 따라서 비혼 동거 관계에서는 공동의 생활을 어떻게 유지할 것인지, 재산과 비용을 어떤 방식으로 나눌 것인지를 더 의식적으로 정리할 필요가 있습니다. 이는 관계의 안정성을 높이기 위한 현실적인 선택이 될 수 있습니다.

사례 ④

재혼 가정의 아이들, 같은 가족일까

재혼으로 새로운 가정을 꾸렸습니다.

각자 아이를 데리고 왔고,

함께 생활하며 가족이 되었습니다.

그러나 법은 가족 사이를

여전히 구분합니다.

친생자, 계자, 양자라는 이름으로 말입니다.

↳ 이 사례의 해법

이 사례는 **재혼 가정에서 '가족의 감각'과 '법의 구조'가 어긋나기 쉬운 지점**을 보여 줍니다. 같은 집에서 자라고 같은 보호를 받더라도, 법적 지위에 따라 상속과 세금의 결과는 달라질 수 있습니다. 따라서 재혼 가정에서는 현재의 평온함만이 아니라, 장래의 상속과 재산 이전까지 함께 고려한 정리가 필요합니다. 이는 갈등을 예상해서가 아니라, 갈등이 발생했을 때 설명할 수 있는 기준을 마련해 두기 위함입니다.

이 장의 사례들은 모두 이렇게 말합니다.

"현실의 가족은 이미 변했고,
제도는 아직 따라오지 못했다."

이것은 개인의 잘못이 아니라,
제도가 선택한 경계의 결과입니다.

왜 법은 가족의 범위를 좁게 그을까

법과 세금은 명확성을 중시합니다.

가족의 범위를 넓히면, 보호도 늘어나지만 분쟁과 회피 가능성도
함께 커집니다.

그래서 제도는
가장 분명한 기준부터 인정해 왔습니다.
문제는 그 기준이, 오늘날의 가족 현실과 점점 멀어지고 있다는
점입니다.

핵심 정리

> ✦ 법에서 말하는 가족은 '관계'가 아니라 '지위'다
>
> ✦ 사실혼과 비혼 동거는 보호의 범위가 제한적이다
>
> ✦ 돌봄의 현실과 법적 지위는 다를 수 있다
>
> ✦ 재혼 가정에서는 지위의 차이가 결과로 이어진다
>
> ✦ 설명이 필요한 관계일수록 준비가 중요하다

독자 체크리스트

나의 가족은 제도에서 어떻게 보일까

☐ 혼인신고 여부가 세금과 상속에 영향을 미친다는 점을 알고 있다

☐ 사실혼·비혼 관계의 한계를 인식하고 있다

☐ 함께 키운 아이의 법적 지위를 생각해 본 적이 있다

☐ 재혼 가정에서의 상속 구조를 고민해 본 적이 있다

🔍 체크리스트 해석

이 체크리스트는 관계의 옳고 그름을 판단하기 위한 것이 아닙니다. 체크한 항목이 많다면, 이미 이 장의 문제의식이 자신의 가족 형태와 맞닿아 있다는 의미일 수 있습니다. 반대로 체크하지 않은 항목이 많다면, 아직 제도의 기준이 현실의 관계와 어떻게 만나는지 깊이 생각해 보지 않았을 가능성이 큽니다. 어느 쪽이든 잘못된 답은 아닙니다. 이 체크리스트는 **내가 속한 가족이 제도의 언어로 어떻게 읽힐지를 한 번이라도 상상해 보았는지**를 확인하기 위한 장치입니다.

03

PART

가족을 지키는
세금 전략과 미래

제3편은 문제 제기로 끝나지 않습니다. 지금의 제도 아래에서
가족을 지키기 위해 무엇을 준비할 수 있는지, 그리고 장기적으로
제도는 어떤 방향으로 나아가야 하는지를 함께 살펴봅니다. 절세
기술이 아니라 갈등을 줄이고 삶의 연속성을 지키는 선택이
무엇인지, 그리고 가족 세금 제도가 어떤 모습으로 변화해야
하는지를 차분히 정리합니다.

CHAPTER

06

가족을 위한
세금 설계

미리 준비하면,
설명하지 않아도 되는 것들

세금은 문제가 아니라, 준비의 결과다

많은 사람들이 이렇게 말합니다.
"미리 알았으면 이렇게 안 했을 텐데요."

이 말은 세금이 예상보다 많을 때만 나오는 말이 아닙니다.
가족 간의 갈등이 생겼을 때,
설명이 부족했다는 사실을 뒤늦게 깨달을 때도 같은 말이
반복됩니다.

이 장은 묻습니다.
세금 문제를 줄인다는 것은, 정말 세금을 덜 내는 것일까?

이 책이 말하는 세금 설계는
절세 기법이 아니라,
갈등을 줄이고 설명을 남기는 준비입니다.

관계를 어떻게 남길 것인가의 문제

세금 설계라는 말을 들으면
대개 숫자와 계산을 먼저 떠올립니다.

하지만 앞선 장들에서 보았듯이,
가족 세금의 핵심은 언제나 관계의 변화에 있었습니다.

- 결혼 → 세대와 재산의 결합
- 이혼 → 공동재산의 정리
- 사별 → 상속이라는 재구성

세금 설계란,
이 변화의 순간에 **무엇을 남길 것인지 미리 정리하는 과정**입니다.

부동산은 많은데, 현금이 없다면

가족의 재산 대부분이 부동산으로 이루어져 있습니다.

집값은 올랐지만, 현금 흐름은 넉넉하지 않습니다.

상속이 발생하자

세금은 현금으로 납부해야 했고,

가족은 급하게 자산을 처분해야 했습니다.

↘ 이 사례의 해법

이 사례가 보여주는 핵심은 **재산의 규모보다 구성**입니다. 상속세는 재산이
얼마인가보다, 그 재산을 어떻게 납부할 수 있는지가 더 중요해지는 순간을
만듭니다. 부동산 중심의 자산 구조에서는 연부연납, 물납, 보험과 같은 제도를
활용할 여지가 있지만, 이러한 선택지는 사망 이후에 처음 고민하기에는 이미
늦은 경우가 많습니다. 따라서 세금 설계는 부동산을 팔지 않을 방법을 찾는
것이 아니라, 언제 팔지 않아도 되는 구조를 만들어 두는 문제라고 볼 수
있습니다.

사례 ②

자녀에게 미리 주고 싶었다

부모는 자녀에게 가능한 한 빨리 재산을 넘기고 싶어 합니다.
도와주고 싶고, 지켜보고 싶기 때문입니다.

그러나 증여는 언제나 상속과 연결됩니다.
지금의 선택이, 10년 뒤의 결과를 바꿉니다.

이 사례의 해법

이 사례는 **증여가 '먼저 주는 것'이 아니라 '언제를 기준으로 볼 것인가'의 문제**임을 보여 줍니다. 증여는 상속과 분리된 제도처럼 보이지만, 시간의 흐름 속에서는 다시 연결됩니다. 따라서 증여를 선택할 때에는 세금 부담뿐 아니라, 이후의 생활비, 의료비, 관계의 변화까지 함께 고려해야 합니다. 중요한 것은 증여를 했느냐가 아니라, 그 증여가 이후의 설명 구조 속에서 자연스럽게 자리 잡을 수 있는지입니다.

사례 ③

재혼 가정, 모두를 배려할 수 있을까

재혼으로 새로운 가정을 꾸렸습니다.

각자 자녀가 있고, 서로를 배려하고 싶었습니다.

그러나 상속 이야기를 꺼내는 순간,

조심스러움은 곧 침묵이 되었습니다.

이 사례의 해법

이 사례는 **재혼 가정에서 설계가 더욱 중요한 이유**를 보여 줍니다. 감정적으로는 모두가 가족이지만, 법적으로는 출발선이 다릅니다. 이 차이를 외면한 채 '잘 알아서 되겠지'라고 넘기면, 그 부담은 고스란히 남겨진 사람들에게 돌아갑니다. 따라서 재혼 가정의 세금 설계는 특정인을 더 주기 위한 설계가 아니라, 왜 이렇게 나누었는지를 설명하기 위한 설계여야 합니다. 유언, 생전 정리, 재산의 성격 구분은 갈등을 만들기보다 오히려 갈등을 예방하는 장치가 될 수 있습니다.

사례 ④

가족에게 남기지 못한 말

상속이 끝난 뒤,

가족 간에 가장 많이 나오는 말은 이것입니다.

"왜 그렇게 나눴는지 몰랐다."

세금은 계산되었지만,

설명은 남아 있지 않았습니다.

이 사례의 해법

이 사례가 말해 주는 것은 **설계의 핵심이 숫자가 아니라 메시지**라는 점입니다. 완벽한 설계를 하지 못했더라도, 왜 이런 선택을 했는지에 대한 설명이 남아 있었다면 갈등의 양상은 달라졌을 수 있습니다. 세금 설계는 정답을 맞히는 시험이 아니라, 이해를 남기는 과정입니다. 그 과정이 있었는지 여부가 결과를 크게 바꿉니다.

무엇부터 점검해야 할까

이 장의 사례들을 관통하는 공통점은 분명합니다.
순서가 바뀌면, 결과가 달라진다는 점입니다.

- 관계의 변화 가능성 점검
- 재산의 구성과 명의 구조 확인
- 현금 흐름과 납부 시점 고려
- 증여·상속의 역할 분담
- 설명을 남길 언어 준비

이 순서를 거꾸로 하면,

대부분의 문제는 다시 나타납니다.

왜 '완벽한 설계'는 존재하지 않을까

세법은 계속 바뀌고,

가족의 형태도 고정되어 있지 않습니다.

그래서 세금 설계는

완성형 결과물이 아니라,

점검 가능한 과정에 가깝습니다.

중요한 것은

"완벽했는가"가 아니라

"생각해 본 적이 있는가"입니다.

핵심 정리

✦ 세금 설계는 절세가 아니라 구조의 문제다

✦ 재산의 크기보다 구성과 유동성이 중요하다

✦ 증여와 상속은 시간의 흐름 속에서 연결된다

✦ 재혼 가정에서는 설명 가능한 구조가 필수적이다

✦ 설계의 본질은 숫자가 아니라 이해다

독자 체크리스트

우리 집은 무엇부터 점검해야 할까

☐ 우리 가족의 재산이 어떤 형태로 구성되어 있는지 알고 있다

☐ 상속세를 납부할 현금 구조를 생각해 본 적이 있다

☐ 생전 증여를 고려해 본 적이 있다

☐ 재혼·비혼 등 가족 형태의 특수성을 인식하고 있다

☐ 나의 선택을 나중에 설명할 수 있을지 고민해 본 적이 있다

체크리스트 해석

이 체크리스트는 준비의 완성도를 평가하기 위한 것이 아닙니다. 체크한 항목이 많다면, 이미 이 장의 문제의식이 현실의 선택으로 이어지고 있다는 뜻일 수 있습니다. 반대로 체크하지 않은 항목이 많다면, 아직 이 문제가 '언젠가의 일'로 남아 있을 가능성이 큽니다. 어느 쪽이든 옳고 그름은 없습니다. 이 체크리스트는 **세금 설계를 기술이 아니라 삶의 구조로 생각해 본 적이 있는지**를 스스로 확인하기 위한 장치입니다.

가족 세금 제도의 미래

바뀐 가족,
바뀌지 않은 기준

왜 우리는 계속 불공평하다고 느낄까

같은 재산을 두고도,

누구는 세금을 거의 내지 않고

누구는 큰 부담을 느낍니다.

그 차이가 노력이나 성실함 때문이 아니라,

결혼했는지, 이혼했는지, 사별했는지,

혹은 혼인신고를 했는지에 따라 갈릴 때

사람들은 이렇게 말합니다.

"이건 좀 이상하지 않나요?"

이 장은 바로 그 감각에서 출발합니다.

왜 가족 세금은 늘 현실과 어긋난 느낌을 줄까?

누가 정상으로 설계되어 있는가

지금의 가족 세금 제도는

여전히 하나의 전형적인 가족을 기준으로 설계되어 있습니다.

- 혼인신고를 한 부부
- 혈연 중심의 부모와 자녀
- 한 세대, 한 가구

이 기준에서 조금만 벗어나면,

설명해야 할 일이 급격히 늘어납니다.

문제는 오늘날 이 '표준 가족'이

이미 예외가 되어 가고 있다는 점입니다.

왜 사실혼과 비혼 가족은 늘 불리할까

같이 살고,

서로를 돌보고,

경제적으로도 공동생활을 하는데

세금 앞에서는 늘 불리하다는 느낌을 받습니다.

"왜 우리는 항상 예외 취급을 받는 걸까요?"

이 사례의 해법

이 사례가 보여주는 핵심은 **제도가 특정한 가족 형태를 기준으로 설계되어 있다는 점**입니다. 사실혼이나 비혼 가족이 잘못되었기 때문이 아니라, 제도의 출발점이 달랐기 때문에 생기는 간극입니다. 이 간극을 줄이기 위해서는 제도가 모든 가족을 똑같이 대우해야 한다는 주장보다, 어떤 기준이 공평한지를 다시 묻는 과정이 필요합니다. 미래의 가족 세금 제도는 관계의 형태보다 책임과 실질을 어떻게 반영할 것인가라는 질문으로 이동할 가능성이 큽니다.

사례 ②

혼인 페널티, 정말 사라질 수 있을까

결혼을 하면 세금이 늘어난다는 말은
이미 상식처럼 받아들여지고 있습니다.

혼인을 장려해야 할 제도가
오히려 부담을 준다는 인식은
쉽게 사라지지 않습니다.

이 사례의 해법

이 사례는 **혼인 페널티가 단순한 정책 실수가 아니라 구조의 문제임**을 보여
줍니다. 세법이 개인 단위와 세대 단위를 혼합해 사용하면서, 특정 시점에
부담이 집중되는 현상이 발생합니다. 이를 완전히 없애기는 쉽지 않지만,
완화하는 방식은 충분히 논의할 수 있습니다. 중요한 것은 혼인을 지원하느냐
억제하느냐의 문제가 아니라, 혼인이 과세 구조를 왜곡하지 않도록 조정할 수
있는지에 대한 질문입니다.

상속세 논쟁은 왜 반복될까

상속세를 둘러싼 논쟁은

주기적으로 반복됩니다.

너무 과하다는 주장과

필요한 제도라는 주장이 늘 맞섭니다.

이 사례의 해법

이 사례에서 중요한 점은 **상속세 논쟁이 세율의 문제가 아니라 역할의 문제**라는 사실입니다. 상속세는 재산 이전을 조정하는 기능과, 사회적 형평을 고려하는 기능을 동시에 떠안고 있습니다. 이 두 역할 사이의 긴장이 해소되지 않는 한, 논쟁은 계속될 수밖에 없습니다. 미래의 논의는 '있을 것인가, 없앨 것인가'보다는 '어디까지 맡길 것인가'라는 질문으로 이동할 가능성이 큽니다.

사례 ④

왜 제도는 늘 현실보다 느릴까

현실에서는 이미 보편화된 가족 형태가

제도에서는 여전히 낯선 존재로 취급됩니다.

이 간극은

답답함으로 이어집니다.

↳ 이 사례의 해법

이 사례는 **제도가 보수적일 수밖에 없는 이유**를 다시 생각하게 합니다. 세금 제도는 예외를 넓히는 순간, 기준 자체가 흔들릴 위험을 안게 됩니다. 그래서 변화는 늘 조심스럽고 느립니다. 그렇다고 해서 변화가 불가능한 것은 아닙니다. 다만 그 변화는 급진적인 선언이 아니라, 기준을 조금씩 이동시키는 방식으로 이루어질 가능성이 큽니다.

개인 단위 과세, 어디까지 유지할 것인가

우리 세법은 개인 단위 과세를 기본으로 합니다.

이 원칙은 조세 형평과 행정 효율 측면에서 강점이 있습니다.

그러나 가족 세금의 영역에서는

이 원칙이 반복적으로 마찰을 일으킵니다.

앞으로의 과제는

- 개인 단위 과세를 유지하되
- 가족 단위 현실을 **부분적으로 반영하는 방식**을 어디까지 허용할 것인가에 있습니다.

관계의 실질을 반영할 수 있을까

이미 여러 나라에서는

형식보다 실질을 더 중시하는 방향의 논의가 진행되고 있습니다.

- 장기 공동생활
- 실질적 부양 관계
- 경제적 공동체 여부

이 요소들을

세금 제도에 어떻게 반영할 것인지는

앞으로 중요한 선택의 문제가 됩니다.

세금은 설명을 요구하는 제도가 되어야 한다

가족 세금에서 가장 큰 갈등은

세금의 크기보다

"왜 이렇게 되었는지 알 수 없을 때" 발생합니다.

앞으로의 제도는

- 결과를 강요하는 구조가 아니라
- 선택의 결과를 **설명 가능하게 만드는 구조**로 진화할 필요가 있습니다.

가족 세금은 왜 이렇게 바꾸기 어려울까

가족 세금 제도는

단순한 세법 문제가 아니라,

가족관·윤리·복지·정치가 함께 얽힌 영역입니다.

그래서 변화는 늘 더디고,

타협은 불완전합니다.

그러나 변하지 않는 기준이

현실과 계속 어긋난다면,

그 자체가 또 다른 불공정이 됩니다.

핵심 정리

✦ 현재의 제도는 '표준 가족'을 전제로 설계되었다

✦ 가족 형태의 다양화가 제도의 간극을 드러내고 있다

✦ 혼인 페널티는 구조적 문제에서 비롯된다

✦ 상속세 논쟁은 역할에 대한 합의 부족에서 반복된다

✦ 미래의 제도는 책임과 실질을 더 중시하게 될 가능성이 크다

독자 체크리스트

나는 제도의 변화를 어떻게 바라보고 있을까

☐ 가족 세금 제도가 불공평하다고 느낀 적이 있다

☐ 그 불공평함의 이유를 구조적으로 생각해 본 적이 있다

☐ 혼인·상속 관련 제도의 변화에 관심이 있다

☐ 제도가 현실을 따라오지 못한다고 느낀 적이 있다

🔍 체크리스트 해석

이 체크리스트는 정책적 입장을 묻기 위한 것이 아닙니다. 체크한 항목이 많다면, 이미 이 장의 문제의식이 자신의 삶과 사회적 감각에 닿아 있다는 의미일 수 있습니다. 반대로 체크하지 않은 항목이 많다면, 아직 제도의 문제를 개인의 문제로 연결해 생각해 보지 않았을 가능성이 큽니다. 어느 쪽이든 옳고 그름은 없습니다. 이 체크리스트는 **가족 세금 제도를 '남의 이야기'가 아니라 '내가 살아가는 틀'로 인식해 본 적이 있는지**를 확인하기 위한 장치입니다.

가족과 세금,
다시 제도로

삶의 장면을 법의 언어로
확인하기 전에

계산은 끝났지만, 질문은 남는다

상속 절차는 비교적 조용히 마무리되었습니다.

세금도 정해진 기한 안에 납부했고, 가족 간 큰 분쟁도 없었습니다.

그런데 시간이 조금 흐른 뒤, 이런 질문이 남았습니다.

"아버지는 왜 이렇게 나누셨을까?"
"이 선택이 법적으로도 맞는 걸까?"

이 장은 **답을 내리기 위한 장**이 아닙니다.
오히려 **다음 장으로 가기 전에 질문을 분명히 하는** 장입니다.

이야기로 이해한 것들, 제도로 확인할 차례

**앞선 장들에서 우리는
삶의 장면을 통해 세금을 이해했습니다.**

- 결혼은 왜 세대와 과세의 출발점이 되는지
- 이혼은 왜 '청산'으로 보아 과세가 멈추는지
- 사별은 왜 가장 큰 과세 사건이 되는지
- 이혼·사별 이후의 삶에서 세금이 다시 시작되는 이유
- 법이 인정하지 않는 가족들이 왜 설명을 요구받는지
- 개인이 할 수 있는 준비와, 제도가 가야 할 방향은 무엇인지

이제 남은 질문은 하나입니다.

"이 이야기들은, 법령과 판례에서는
실제로 어떻게 정리되어 있을까?"

설명은 충분했을까

유언을 남긴 경우였습니다.

법적으로 유효했고, 세금 계산에도 문제가 없었습니다.

그럼에도 남겨진 가족은 이렇게 말합니다.

"이게 정말 법이 의도한 결과일까요?"

↳ 이 사례의 해법

이 사례가 보여주는 핵심은 **결과의 적법성과 선택의 납득 가능성은 서로 다를 수 있다는 점**입니다. 법적으로 문제가 없더라도, 왜 이런 선택이 이루어졌는지에 대한 설명이 부족하면 질문은 남습니다. 이 장이 말하고자 하는 해법은 선택을 바꾸는 것이 아니라, **선택의 기준을 제도의 언어로 다시 확인해 보는 것**입니다. 그 확인 과정은 법령과 판례를 통해서만 가능해집니다.

사례 ②

당연하다고 믿었던 선택

이혼 재산분할은 비과세라는 말을 들어 알고 있었습니다.
그래서 안심했고, 이후의 처분에 대해서는 깊이 생각하지
않았습니다.

몇 년 뒤, 양도소득세 문제로 다시 세무서 문을 두드리게 됩니다.

이 사례의 해법

이 사례는 **비과세의 범위가 어디까지였는지 정확히 확인하지 않았을 때 생기는
혼란**을 보여 줍니다. 이혼 당시의 정리는 과세되지 않았지만, 이후의 처분은
전혀 다른 기준으로 판단됩니다. 해법은 '조심하라'는 경고가 아니라, **사건과 그
이후를 제도가 어떻게 나누어 보는지 확인하는 일**입니다. 그 확인이 있어야
선택의 결과를 예측할 수 있습니다.

사례 ③

가족이라고 생각했던 관계

사실혼 배우자,

오랫동안 함께 키운 아이,

재혼 가정의 자녀.

현실에서는 가족이었지만,

제도의 문턱 앞에서는 하나하나 근거를 제시해야 했습니다.

이 사례의 해법

이 사례는 **제도가 가족을 인정하는 방식이 관계의 밀도와 다를 수 있다는 점을** 분명히 보여 줍니다. 해법은 감정을 앞세워 제도를 비판하는 데 있지 않습니다. 오히려 **제도가 요구하는 기준을 정확히 알고, 그 기준 안에서 선택의 여지를 확인하는 것**이 현실적인 접근입니다. 이 작업 역시 법령과 판례의 확인을 통해서만 가능합니다.

결론이 아니라, 점검

이 장은 결론을 내리지 않습니다.

대신, 다음을 분명히 합니다.

- 우리가 느낀 불편함이 감정의 문제만은 아니라는 점
- 법과 세금에는 분명한 기준과 구조가 있다는 점
- 그 기준을 정확히 알면, 선택의 결과도 더 선명해진다는 점

이제 필요한 것은

주장이 아니라 **확인**입니다.

왜 마지막에 법과 판례를 보아야 할까

이야기로 시작한 책이

법과 판례로 끝나는 데에는 이유가 있습니다.

삶의 감각만으로는

선택의 결과를 끝까지 예측하기 어렵기 때문입니다.

법은 때로 차갑지만,

그 차가움이 **기준을 분명히 해 주는 역할**을 하기도 합니다.

핵심 정리

<ul>
<li>✦ 이 장은 결론이 아니라 전환이다</li>
<li>✦ 앞선 이야기를 제도의 언어로 확인할 필요가 있다</li>
<li>✦ 비과세와 공제의 범위는 사건 이후에 달라질 수 있다</li>
<li>✦ 가족의 감각과 제도의 기준은 다를 수 있다</li>
<li>✦ 다음 장은 '정답'이 아니라 '확인'의 장이다</li>
</ul>

독자 체크리스트

제4편으로 넘어가기 전, 스스로에게 던질 질문

☐ 내가 옳다고 믿은 선택의 법적 근거를 알고 있는가

☐ 비과세·공제·인정의 범위를 정확히 구분하고 있는가

☐ 법이 보는 가족의 범위를 명확히 알고 있는가

☐ 판례에서 같은 상황이 어떻게 판단되었는지 궁금한가

🔍 체크리스트 해석

이 체크리스트는 준비 수준을 평가하기 위한 것이 아닙니다. 체크한 항목이 많다면, 이미 이 장의 문제의식이 '확인'의 단계로 넘어가고 있다는 뜻일 수 있습니다. 반대로 체크하지 않은 항목이 많다면, 아직 기준을 구체적으로 확인할 필요성을 느끼지 못했을 수도 있습니다. 어느 쪽이든 틀린 답은 아닙니다. 이 체크리스트는 **제4편으로 넘어갈 준비가 되었는지**를 스스로 가늠해 보기 위한 표시입니다.

04
PART

결혼, 이혼, 상속,
증여에 대해 더
자세히 알아보기

제4편은 앞선 모든 논의를 법의 언어로 다시 확인하는 부분입니다.
법령과 판례를 나열하는 장이 아니라, "왜 그렇게 느껴졌는지"에
대해 법이 스스로 내놓는 답을 보여줍니다. 필요할 때 찾아볼 수
있는 해설서이자, 앞의 이야기들을 검증하는 거울 역할을 합니다.

법령에 대해 알아보기

프롤로그

결혼, 이혼, 상속, 증여는 인생의 중요한 사건이지만, 법의 언어로 보면 모두 '재산관계의 변동'이라는 공통점을 가집니다. 사랑이 시작되고 끝나는 과정, 가족이 이어지고 끊어지는 과정에서 법은 언제나 재산의 이동을 주의 깊게 바라봅니다. 이때 중심이 되는 법이 바로 민법과 세법입니다.

민법은 가족관계의 성립과 해소, 그리고 그 과정에서 발생하는 권리와 의무를 규율하는 기본법입니다. 반면 세법은 그러한 가족관계의 변화로 인해 발생하는 재산 이전과 소득을 어떻게 과세할 것인지 정하는 법입니다. 두 법은 목적도, 언어도 다르지만 실제 삶에서는 항상 함께 작동합니다.

이 장에서는 결혼·이혼·상속·증여라는 네 가지 국면에서 민법과 세법이 각각 어떤 법조문을 통해 무엇을 판단하는지를 살펴봅니다. 다. 이는 제10장과 제11장에서 다루는 판례와 상담사례를 이해하기 위한 법적 기준점이 되는 장입니다.

결혼

결혼은 감정의 결합이지만, 법적으로는 새로운 가족관계의 성립을
의미합니다. 혼인신고가 이루어지는 순간, 두 사람은 민법상 부부가
되고 세법상 하나의 과세 판단 단위로 묶이게 됩니다.

민법은 혼인의 성립 요건을 민법 제812조에서 규정하고 있습니다.
혼인은 당사자 사이의 합의와 혼인신고라는 형식을 갖추어야
성립합니다(민법 제812조 제1항). 그러나 대법원 판례는 이 조문을
단순한 형식 규정으로 보지 않고, '부부로서 공동생활을 하려는
실질적인 혼인의사'가 반드시 존재해야 한다고 해석해 왔습니다.

혼인이 성립하면 부부에게는 상호 부양과 협조의무가
발생합니다(민법 제826조 제1항). 이는 결혼이 단순한 동거가
아니라 생활 공동체임을 전제로 한 규정입니다.

재산관계에 있어 민법은 부부별산제를 원칙으로 합니다. 즉, 혼인
전 각자가 보유하던 재산은 물론 혼인 중 취득한 재산도
원칙적으로는 각자의 재산으로 귀속됩니다(민법 제830조). 다만
혼인 기간 중 형성된 재산에 대해서는 명의와 무관하게 '공동의

노력'이 투입되었는지가 중요해지며, 이는 훗날 이혼 시 재산분할의 기준으로 작동합니다.

세법에서는 결혼이 다양한 세제 혜택의 전제가 됩니다. 소득세법은 배우자와 부양가족에 대해 인적공제를 인정하고 있습니다 (소득세법 제50조). 또한 근로장려금, 각종 비과세 및 공제 제도 역시 법률혼을 기준으로 설계되어 있습니다.

그러나 세법에서 결혼은 동시에 과세 기준이 됩니다. 부동산 관련 세금에서는 '세대' 개념이 중요하게 작동하는데, 결혼으로 인해 두 사람이 하나의 세대로 묶이면 주택 수가 합산되고 그에 따라 세 부담이 증가하는 경우도 발생합니다. 세법은 결혼을 보호하면서도, 명확한 과세 단위로 활용하고 있는 것입니다.

[이 조문은 제10장에서 이렇게 문제 되었습니다] 혼인의 성립 요건과 부부별산제, 그리고 세법상 '세대' 개념은 제10장에서 혼인의 실질이 부정된 사례와, 이혼의 형식을 빌린 조세회피가 문제 된 판례를 통해 구체적으로 다루어집니다.

이혼

이혼은 혼인관계의 종료이자, 공동생활의 청산입니다. 민법은
이혼을 단순히 관계를 끊는 행위로 보지 않고, 혼인 기간 동안
형성된 생활과 재산을 정리하는 절차로 규율합니다.

재판상 이혼 사유는 민법 제840조에서 규정하고 있으며, 그중
제6호는 '혼인을 계속하기 어려운 중대한 사유'가 있는 경우를 이혼
사유로 인정하고 있습니다. 대법원은 이를 부부 공동생활의 실질적
파탄 여부를 기준으로 판단합니다.

이혼 시 가장 핵심적인 제도는 재산분할입니다. 민법 제839조의2는
이혼한 부부 일방이 상대방에게 재산분할을 청구할 수 있도록
규정하고 있습니다. 이 재산분할은 혼인 중 부부가 공동으로 형성한
재산을 각자의 기여도에 따라 나누는 절차로 이해됩니다.
기여도에는 소득뿐만 아니라 가사노동, 육아, 배우자에 대한 지원이
모두 포함됩니다.

세법에서도 이 점은 매우 중요합니다. 상속세 및 증여세법은
원칙적으로 무상으로 재산이 이전되는 경우에 증여세를

과세하지만(상증세법 제2조), 이혼에 따른 재산분할은 증여로 보지 않습니다. 이는 재산분할이 공동재산의 청산이라는 민법적 성격을 가지기 때문입니다.

다만 재산분할의 범위를 현저히 초과하거나, 이혼의 형식을 빌려 재산을 이전하는 경우에는 과세 문제가 발생할 수 있습니다. 또한 이혼 이후에는 세대가 분리되면서 주택 관련 세금, 각종 공제 요건이 크게 달라집니다. 이혼은 세금이 사라지는 사건이 아니라, 세금의 기준이 달라지는 사건입니다.

[이 조문은 제10장에서 이렇게 문제 되었습니다] 재산분할청구권과 증여 개념의 구별은 제10장에서 이혼에 따른 재산 이전이 증여세 과세 대상이 되는지 여부가 다투어진 판례를 통해 실제 판단 기준으로 확인됩니다.

상속

상속은 사람이 사망하는 순간 자동으로 개시됩니다(민법 제997조). 민법은 상속인의 범위와 순위를 명확히 규정하고 있으며(민법 제1000조), 배우자와 자녀는 가장 우선적인 상속인에 해당합니다.

민법은 상속을 단순한 재산 분배가 아니라 가족관계의 연속으로 보고 있습니다. 이에 따라 특별히 피상속인을 부양하거나 재산 유지·증식에 기여한 상속인이 있는 경우에는 기여분 제도를 통해 이를 상속분 산정에 반영할 수 있도록 하고 있습니다(민법 제1008조의2).

세법에서 상속은 가장 강력한 과세 사유 중 하나입니다. 상속세 및 증여세법은 상속재산 전체를 과세 대상으로 삼고 있으며(상증세법 제1조, 제2조), 상속이 개시되면 일정한 기한 내에 상속세 신고·납부 의무가 발생합니다.

배우자 공제(상증세법 제19조), 일괄공제 등 다양한 공제 제도가 마련되어 있지만, 상속세는 원칙적으로 피상속인이 남긴 재산 전체를 기준으로 계산됩니다. 상속은 민법적 분쟁과 세법적 부담이 동시에 발생하는 영역이므로 사전 준비의 중요성이 매우 큽니다.

[이 조문은 제10장에서 이렇게 문제 되었습니다] 기여분 제도와

상속재산의 범위는 제10장에서 상속 분쟁과 상속세 신고 누락이
문제 된 판례를 통해 구체적인 적용 방식이 드러납니다.

증여

증여는 살아 있는 동안 이루어지는 재산 이전입니다. 민법 제554조는 증여를 '당사자 일방이 무상으로 재산을 상대방에게 이전하는 계약'으로 규정하고 있습니다. 증여는 계약이므로 원칙적으로 당사자의 합의가 필요하며, 일정한 경우에는 취소가 가능하기도 합니다.

가족 간 증여는 감정의 문제로 오해되기 쉽지만, 법적으로는 명확한 재산 이전 행위입니다. 특히 부모와 자녀 사이의 증여는 훗날 상속 분쟁과 직결되는 경우가 많습니다.

세법은 증여에 대해 비교적 명확한 과세 구조를 두고 있습니다. 상속세 및 증여세법은 일정 금액까지 증여재산 공제를 인정하고 (상증세법 제53조), 그 초과분에 대해서만 증여세를 과세합니다. 다만 반복적이거나 고액의 자금 이전은 사회통념상 인정되는 부양·생활비 범위를 넘어서는 경우 증여로 판단될 수 있습니다.

또한 증여는 상속과 분리된 제도가 아닙니다. 상속 개시 전 일정 기간 내에 이루어진 증여는 다시 상속재산에 합산되어 상속세 계산에 반영됩니다(상증세법 제13조 제1항). 따라서 증여는 단기적인 절세 수단이 아니라, 가족 전체의 시간과 관계를 고려한 선택이어야 합니다.

[이 조문은 제10장에서 이렇게 문제 되었습니다] 증여의 민법적 성격과 증여세 과세 기준은 제10장에서 가족 간 자금 이전이 생활비인지 증여인지가 다투어진 판례를 통해 실제 경계선이 제시됩니다.

핵심 정리

이 장에서 살펴본 민법과 세법은 서로 다른 언어를 사용하지만, 동일한 삶의 사건을 규율하고 있습니다. 민법은 가족관계의 형성과 해소, 그리고 그 과정에서의 공정한 정리를 목표로 합니다. 세법은 그 결과로 발생하는 재산 이전을 과세 기준에 따라 평가합니다.

결혼은 보호이자 과세 기준의 시작이며, 이혼은 관계의 종료이자 공동생활의 정산 과정입니다. 상속은 삶의 연속을 법과 세금으로 정리하는 절차이고, 증여는 살아 있는 동안 미리 선택할 수 있는 준비이지만 반드시 미래의 상속과 연결됩니다.

제10장에서는 이러한 법령의 원칙이 실제 사건 속에서 어떻게 적용되었는지를 판례를 통해 살펴봅니다. 법조문이 구체적인 삶의 갈등 앞에서 어떤 판단으로 이어졌는지를 확인하는 과정입니다. 이 장을 이해했다면, 다음 장의 판례들은 훨씬 또렷하게 읽힐 것입니다.

판례에 대해 알아보기

프롤로그

법령에서 판례로 넘어가기 전에: 법령 → 판례 읽는 법 가이드

제9장에서는 결혼·이혼·상속·증여라는 인생의 전환점에서 민법과
세법이 각각 어떤 기준으로 판단하는지를 살펴보았습니다. 그러나
법령은 추상적인 문장으로 구성되어 있어, 실제 사건에 그대로
대입하기에는 어렵게 느껴질 수 있습니다. 이때 법령과 현실을
연결해 주는 역할을 하는 것이 바로 판례입니다.

판례를 읽을 때 가장 먼저 확인해야 할 것은 '이 사건에서 문제가 된
법조문이 무엇인가'입니다. 법원은 새로운 규칙을 만들어내기보다는,
이미 존재하는 법조문을 어떤 의미로 해석할지를 판단합니다.
따라서 판결문을 읽을 때에는 결론보다 먼저, 어떤 민법 조문이나
세법 조문이 쟁점이 되었는지를 살펴보아야 합니다.

두 번째로 중요한 것은 사실관계입니다. 판례의 결론은 언제나
구체적인 사실관계를 전제로 합니다. 같은 법조문이라도 당사자의
생활 방식, 재산 형성 과정, 이혼이나 상속에 이르게 된 경위에 따라
전혀 다른 결론에 이를 수 있습니다. 그래서 판례는 '결론'보다

'사건의 경위'를 읽는 것이 더 중요합니다.

세 번째는 법원의 판단 구조입니다. 법원은 보통 사실관계를 정리한 뒤, 관련 법조문을 제시하고, 그 조문을 어떻게 해석하는지를 설명합니다. 이 과정에서 민법적 성격을 우선하는지, 세법의 과세 취지를 우선하는지가 드러납니다. 특히 가족과 세금이 만나는 영역에서는 두 법의 관점이 충돌하거나 교차하는 지점이 자주 등장합니다.

마지막으로 살펴볼 것은 판결의 의의입니다. 해당 판결이 기존 입장을 재확인한 것인지, 아니면 새로운 기준을 제시한 것인지를 구분해야 합니다. 이를 통해 독자는 자신의 상황에 이 판례가 어느 정도까지 참고가 되는지를 가늠할 수 있습니다.

이러한 관점에서 이 장을 읽는다면, 판례는 더 이상 어려운 법률 문서가 아니라, 법이 실제 삶의 갈등 앞에서 어떤 기준으로 답했는지를 보여주는 구체적인 기록으로 다가올 것입니다.

<h1 style="text-align:center">결혼</h1>

1. 민법 관련

① 사실관계

당사자들은 한국 남성과 조선족 여성으로서 혼인신고를 마쳤으나,
참다운 부부관계를 설정할 의사 없이 혼인 직후부터 별도의 주거지에서
생활하였고 부부로서의 공동생활이나 경제적 결합이 거의 존재하지
않았습니다.

② 판례의 입장

대법원은 혼인이 유효하게 성립하기 위해서는 형식적인 혼인신고뿐
아니라 부부로서 공동생활을 하려는 실질적인 혼인의사가
필요하다고 판시하였습니다.

③ 판결의 의의

혼인을 단순한 행정 절차가 아니라 실질적 결합으로 이해해야 함을
분명히 한 판례입니다.

- 판결번호: 대법원 1996. 11. 22. 선고 96도2049 판결
- 독자가 얻어야 할 교훈 한 줄: 결혼은 서류가 아니라, 함께 살아

가려는 의사가 있어야 성립한다.

2. 세법 관련

① 사실관계

부부였던 당사자들이 다주택자에 대한 양도소득세 부담을 피하기 위해 협의이혼을 하였으나, 이혼 이후에도 동일한 주거지에서 사실상 공동생활을 유지하였습니다.

② 판례의 입장

법원은 이혼하여 법률상 배우자가 없다면 따로 1세대를 구성하는 것으로 보아야 한다고 보아, 가족법상 행위(이혼)에 대해서는 조세회피 목적이 있더라도 세법상 실질과세원칙을 적용하여 그 효력을 부인할 수 없다고 보았습니다.

③ 판결의 의의

법률상 이혼이 유효하면 세법상으로도 별도 세대로 보아야 한다는 점을 명확히 한 판례입니다.

- 판결번호: 대법원 2017. 9. 7. 선고 2016두35083 판결
- 독자가 얻어야 할 교훈 한 줄: 이혼 등 가족법상 행위는 조세회피 목적이 있더라도 존중된다.

<h1 style="text-align:center">이혼</h1>

1. 민법 관련

① 사실관계

아내가 혼인 중 상습적으로 도박을 하고, 가사와 자녀를 돌보지
아니하여 이에 남편이 재판상 이혼을 청구하였습니다.

② 판례의 입장

법원은 아내의 상습적인 도박과 가사 및 자녀 양육 방치가 부부의
동거·부양·협조의무를 위반한 행위로서 재판상 이혼 사유에
해당한다고 판단하였습니다.

③ 판결의 의의

도박으로 인한 가정경제의 파탄 행위 역시 혼인관계의 신뢰를
파괴하는 행위임을 확인한 판례입니다.

- 판결번호: 대법원 1991. 11. 26. 선고 91므559 판결
- 독자가 얻어야 할 교훈 한 줄: 공동재산을 함부로 다루는 순간,
  혼인도 함께 흔들린다.

2. 세법 관련

① 사실관계

이혼 과정에서 배우자 일방이 상당한 재산을 이전받자 과세관청은
이를 증여로 보아 증여세를 부과하려 하였습니다.

② 판례의 입장

법원은 이혼에 따른 재산분할은 공동재산의 청산과 분배로서
원칙적으로 증여세 과세 대상이 아니라고 판시하였습니다.

③ 판결의 의의

재산분할의 법적 성격을 명확히 한 판례입니다.

- 판결번호: 대법원 2017. 9. 12. 선고 2016두58901 판결
- 독자가 얻어야 할 교훈 한 줄: 이혼은 재산을 나누는 것이 아니
  라, 함께 만든 것을 정리하는 일이다.

상속

1. 민법 관련

① 사실관계

부모를 장기간 부양한 자녀와 그렇지 않은 자녀 사이에서 상속재산 분할을 둘러싼 분쟁이 발생하였습니다.

② 판례의 입장

법원은 특별한 부양이나 기여가 있는 경우 이를 기여분으로 인정할 수 있다고 판단하였습니다.

③ 판결의 의의

상속이 법정비율만의 문제가 아님을 보여준 판례입니다.

- 판결번호: 대법원 2019. 11. 21. 선고 2014스44,45 결정
- 독자가 얻어야 할 교훈 한 줄: 상속에서는 함께 살아온 시간이 숫자로 바뀐다.

2. 세법 관련

① 사실관계

상속인이 일부 상속재산을 신고에서 누락한 채 상속세를
신고하였습니다.

② 판례의 입장

법원은 상속세는 피상속인의 전체 재산을 기준으로 과세된다고
보았습니다.

③ 판결의 의의

상속세 과세구조가 유산세제를 채택하고 있음을 분명히 한
판례입니다.

- 판결번호: 대법원 2005. 9. 15. 선고 2003두12271 판결
- 독자가 얻어야 할 교훈 한 줄: 상속세는 받은 몫이 아니라 남긴
  전부를 기준으로 한다.

<h1 style="text-align:center">증여</h1>

1. 민법 관련

① 사실관계
부모가 자녀에게 부동산을 증여하면서 부양의무 이행을 조건으로
삼았습니다.

② 판례의 입장
법원은 부담부 증여에서 부양의무 이행(부담)이 이행되지 않으면
증여계약을 해제할 수 있다고 보았습니다.

③ 판결의 의의
가족 간 증여도 계약으로서 구속력이 있음을 분명히 한
판례입니다.

- 판결번호: 대법원 1997. 7. 8. 선고 97다2177 판결
- 독자가 얻어야 할 교훈 한 줄: 가족 간 약속도 법 앞에서는 계약
  이다.

2. 세법 관련

① 사실관계

결혼한 성년 자녀가 부모에게 매월 일정 금액의 생활비를
지급하면서, 부모 소유의 아파트를 자신의 명의로 이전받았습니다.

② 판례의 입장

법원은 자녀의 가족관계, 수입, 재산상태 등을 종합적으로 고려할
때, 자녀가 부모에게 지급한 생활비 등이 단순한 부양의무 이행이
아니라 아파트 취득의 정당한 대가에 해당한다고 판단하였습니다.

③ 판결의 의의

가족 간 자금 이전의 과세 기준을 제시한 판례입니다.

- 판결번호: 대법원 2014. 10. 15. 선고 2014두9752 판결
- 독자가 얻어야 할 교훈 한 줄: 가족 간 자금이전은 언젠가 질문을
  받는다.

핵심정리

판례는 법이 추상적인 규칙에 머물지 않고 실제 삶의 갈등에 어떻게
답하는지를 보여줍니다. 결혼과 이혼에서는 형식보다 실질이
중요하며, 상속과 증여에서는 삶의 과정과 재산의 흐름이 함께
고려됩니다. 이 장의 판례들은 가족이 만나는 가장 냉정한 순간에
법이 어떤 기준을 적용하는지를 구체적으로 보여줍니다.

　결혼·이혼·상속, 그때 세금이 시작된다

Q&A로 보는
가족과 세금이야기

법은 추상적이지만, 현실은 구체적이다

제9장에서는 민법과 세법이 결혼·이혼·상속·증여라는 인생의
전환점에서 각각 어떤 법조문들을 통해 판단하는지를
살펴보았습니다. 제10장에서는 그 조문들이 실제 사건에서 어떻게
해석되고 적용되었는지를 대표 판례를 통해 확인했습니다.

그러나 법령과 판례는 여전히 추상적인 언어를 사용합니다.
법조문은 원칙을 말하고, 판결은 해석기준을 제시하지만, 우리의
삶과 바로 연결되기에는 한 걸음의 간극이 남아 있습니다.

이 장은 바로 그 간극을 좁히기 위해 마련되었습니다.

현실에서 실제로 마주하는 질문은
법조문으로 시작되지 않습니다.
삶의 사건에서 시작됩니다.

이 장의 Q&A를 읽을 때 가장 먼저 보아야 할 것은 '당사자가
무엇을 오해하고 있는가'입니다.
많은 분쟁은 법을 몰라서가 아니라, 법을 '다르게 믿고' 있기 때문에
발생합니다.

판례와 달리, 현실의 질문들은 당사자의 감정과 상황이 먼저
등장합니다.
그러나 법은 감정을 기준으로 판단하지 않습니다.
어떤 재산이 언제 형성되었는지, 누구의 명의인지, 어떤 법적
성격을 갖는지가 판단의 출발점이 됩니다.

이 장에서 얻어야 할 것은 '정답'이 아니라 '구조를 읽는 눈'입니다.
이 장은 단순히 절세의 답을 주는 문서가 아니라, 같은 상황이
반복되었을 때 스스로 질문을 정리할 수 있게 만드는 도구입니다.

이 장을 통해 독자는 알게 될 것입니다.

세금은 갑자기 등장하는 문제가 아니라,
설명되지 않은 선택들이
시간이 지나 드러난 결과라는 점을...

결혼

💬 **혼인신고 후에도 혼인이 무효가 될 수 있나요?**

저는 2년 전 B와 혼인신고를 했습니다.

양가 부모님께도 결혼 사실을 알렸습니다.

하지만 혼인신고 직후부터 각자의 집에서 따로 살았고, 함께 살 집을 구하지도 않았습니다.

생활비도 각자 부담했고, 명절에도 각자 본가에서 보냈습니다.

최근 B가 혼인무효확인 소송을 제기했는데,

혼인신고까지 했는데도 혼인이 무효가 될 수 있나요?

법률혼주의를 채택하고 있는 우리나라에서 혼인신고는 혼인 성립의 필수 요건입니다(민법 제812조).

그러나 혼인신고만으로 충분한 것은 아니고, 당사자 사이에 진정한 혼인의사가 있어야 합니다.

판례는 혼인의사를 "사회관념상 부부라고 인정되는 정신적·육체적 결합을 생기게 할 의사의 합치"로 봅니다.

단순히 법적 지위나 경제적 이익을 얻기 위한 목적만으로

혼인신고를 한 경우, 진정한 혼인의사가 없다고 판단될 수
있습니다.

상담자의 경우,

- ✔ 혼인신고 후에도 동거하지 않음
- ✔ 공동생활의 실체 없음
- ✔ 경제적 결합 없음
- ✔ 가족으로서의 교류 없음

이러한 사정들을 종합하면, 법원은 혼인의 실질이
결여되었다고 판단할 가능성이 있습니다.

따라서 상담자가 혼인이 무효로 되길 원하지 않는다면 혼인신고
당시의 진정한 의사, 신고 후의 생활 실태, 혼인신고를 하게 된 경위
등을 종합적으로 입증해야 합니다.

만약 처음에는 진정한 혼인의사가 있었으나 혼인의 의사 등 사정이
변경된 것이라면, 혼인무효가 아닌 이혼 절차(합의 이혼 또는 재판
이혼)를 통해 혼인의 해소문제를 해결하여야 합니다.

대법원 2004. 9. 24. 선고 2004도4426 판결

민법 제815조 제1호는 '당사자 간에 혼인의 합의가 없는 때'에는 그 혼인은 무
효로 한다고 규정하고 있고, 이 혼인무효 사유는 당사자 사이에 사회관념상 부
부라고 인정되는 정신적·육체적 결합을 생기게 할 의사를 갖고 있지 않은 경우
를 가리키는 것이므로, 비록 당사자 사이에 혼인의 신고 자체에 관한 의사의 합
치가 있어 일응 법률상의 부부라는 신분관계를 설정할 의사는 있었다고 인정
되는 경우라도 그것이 단지 다른 목적을 달성하기 위한 방편에 불과한 것으로
서 그들 사이에 참다운 부부관계의 설정을 바라는 효과의사가 없을 때에는 그
혼인은 무효라고 할 것이다.

💬 재혼을 앞둔 부부, 혼전계약서를 써 두면 정말 도움이 될까요?

저는 5년 전 이혼을 한 뒤

최근 재혼을 앞두고 있습니다.

전혼에서 자녀가 2명 있고, 오랜 기간 일하며 형성한 재산도 어느 정도 있습니다.

재혼 예정인 배우자와의 관계는 좋지만, 마음 한 편이 계속 불안합니다.

"지금은 괜찮지만,
혹시 나중에 무슨 일이 생기면
재산 문제로 아이들이나 가족들끼리 다투게 되지는 않을까…"

이런 고민을 하던 중에
혼전계약서라는 것을 들어보게 되었습니다.

재혼할 때 혼전계약서를 써 두면
나중에 재산 분쟁이나 상속 문제를
미리 막을 수 있을까요?

먼저 큰 틀부터 설명드리겠습니다.

우리 민법은 부부별산제를 원칙으로 합니다.

즉, 결혼을 하더라도

원칙적으로는 각자의 재산은 일단 각자의 재산으로 봅니다.

그래서 이론적으로만 보면

"굳이 계약서를 쓰지 않아도 되는 것 아니냐"

고 생각하실 수도 있습니다.

하지만 현실에서는 사정이 다릅니다.

재혼 가정에서는

혼인 전 재산과 혼인 후 재산이 섞이기 쉽고

전혼 자녀들, 재혼 배우자, 재혼 후 자녀까지 얽히게 되면서

재산을 둘러싼 오해와 갈등이 훨씬 쉽게 생깁니다.

이때 혼전계약서는

'우리는 이렇게 생각하고 결혼했다'는 기준을

미리 문서로 남겨 두는 역할을 합니다.

실무에서 혼전계약서(부부재산약정)에는 보통 다음과 같은 내용을
정리합니다.

- 혼인 전에 이미 가지고 있던 재산은 각자의 특유재산으로
  유지한다는 점,
- 혼인 중에 새로 취득한 재산을 어떻게 관리하고, 어떤 기준으로
  나눌 것인지,
- 만약 이혼하게 된다면 재산분할은 어떤 원칙으로 한다는 점

다만, 여기서 반드시 짚고 넘어가셔야 할 한계가 있습니다.

이러한 혼전계약서는 부부 쌍방을 구속하지만,

재혼 배우자의 재산분할청구권이나 상속권을 완전히 없애거나

전혼 자녀의 유류분을 배제하는 효력까지는 없습니다.

즉, 혼전계약서 하나만으로

모든 재산분할, 상속, 유류분 문제까지 모두 해결할 수는 없습니다.

그럼에도 불구하고

혼전계약서가 의미를 가지는 이유는 분명합니다.

나중에 분쟁이 생겼을 때

"서로 어떤 전제와 합의 아래 결혼했는지"를

객관적으로 보여주는 중요한 자료가 되기 때문입니다.

따라서

혼전계약서는 재혼가정에서 분쟁을 완전히 없애 주는 문서는

아니지만

불필요한 오해를 줄이고

재산 문제의 출발선을 명확히 하고

분쟁이 생기더라도 불필요한 감정 싸움으로 번지는 것을 막는

현실적인 안전장치가 될 수 있습니다.

따라서 상속이나 유류분까지 함께 대비하려면

혼전계약서에 더해

유언, 증여 설계를 함께 고민하시는 것이 좋습니다.

💬 이혼했는데도, 여전히 부부라고요?

저는 2018년 1월에 아내 B와 협의이혼 신고를 했습니다.

그런데 그해 9월에 제가 가지고 있던 아파트를 팔았더니, 세무서에서 다주택자 중과세를 적용해서 세금을 엄청나게 많이 내라고 합니다.

이혼했는데도 계속 부부로 볼 수 있는 건가요?

사실 저희는 이혼 후에도 같이 살긴 했지만,
이혼신고를 한 이상 법적으로는 남남 아닌가요?

위 상담 사안은 크게 세 가지로 나누어 살펴 보셔야 합니다.

① 이혼이 유효한지,
② 이혼 후 함께 산 사실이 법적으로 어떤 의미가 있는지,
③ 세금은 언제의 상태를 기준으로 세대를 판단하는지입니다.

먼저 이혼의 효력부터 말씀드리겠습니다.

우리나라 민법은 법률혼주의를 채택하고 있어서,
혼인이나 이혼 모두 신고가 이루어져야 법적 효력이 발생합니다.
상담자는 B와 2018년 1월에 협의이혼 신고를 적법하게 마쳤고,
형식이나 절차상 하자는 없는 상태였으므로, 이혼은 유효합니다.

설령 이혼에 세금 문제를 고려한 목적이 일부 포함되어 있었다고
하더라도,
당사자 사이에 일시적으로라도 법률상 부부관계를 해소하려는
의사가 있었다면
그 이혼은 유효합니다.

즉, 이혼의 동기가 순수하지 않다고 해서
이혼이 자동으로 무효가 되지는 않습니다.

상담자의 경우에는
이혼신고 당시 법률상 혼인관계를 끝내겠다는
의사 자체는 분명히 존재했고,
그에 따라 신고가 이루어졌기 때문에
이혼의 효력은 그대로 인정됩니다.

그럼 이혼 후에도 함께 살았는데, 그럼 다시 부부가 되나요?

세무서는 "이혼 후에도 함께 살았으니 사실상 부부다"라고 보아
다주택자로 세금을 부과하려고 하는 것입니다.

하지만 법원은
"이혼 후 사실상 부부처럼 공동생활을 했다는 사정만으로
이미 성립한 법률상 이혼의 효력이 사라지는 것은 아니다." 라고
봅니다.

즉, 이혼 후 함께 살았다는 사정만으로 법률상 이혼이 없었던
것으로 되돌아가지는 않습니다.

따라서 상담자와 B는
이혼 이후 아무리 함께 살았다고 하더라도
민법상으로는 더 이상 부부가 아닌 상태로 보게 됩니다.

그럼 세법도 위와 같은 기준으로 세대를 판단하나요?

이제 세금 문제의 핵심입니다.

2018년 이전에는
대법원 2017. 9. 7. 선고 2016두35083 판결에 따라
위와 같은 이혼을 유효하게 보고
1세대 1주택 비과세가 인정될 수 있었습니다.

그러나 2018년 이후에는 관련 법령이 바뀌었습니다.
현재 소득세법 시행령은 다음과 같이 규정합니다.
"법률상 이혼을 하였더라도,
이혼 후에도 생계를 같이 하는 등
사실상 이혼으로 보기 어려운 경우에는
여전히 1세대로 본다."

이와 같이
지금은 서류상 이혼만으로 세대 분리가 인정되지 않습니다.

이혼 후에도 부부로 함께 산다면
여전히 같은 세대로 보아
중과세가 적용될 수 있습니다.

즉, 서류상 이혼만 하고
실제로는 함께 살고 있다면
여전히 같은 세대로 봅니다.

실무에서는 다음 자료들을 종합적으로 확인합니다.

- 주민등록상 주소지
- 전기·수도·가스 사용 내역
- 신용카드 사용 장소
- 자녀의 주민등록
- 건강보험 피부양자 등재 여부
- 이웃·지인의 진술

따라서 상담자와 같이
만약 이혼 후에도 사실상 부부로서 같이 살았다면
1세대 1주택 비과세 혜택을 받을 수 없고,
다주택자 중과세 대상이 될 가능성이 높다고 할 수 있습니다.

대법원 2017. 9. 7. 선고 2016두35083 판결

구 소득세법(2009. 12. 31. 법률 제9897호로 개정되기 전의 것) 제89조 제1항 제3호, 구 소득세법 시행령(2010. 2. 18. 대통령령 제22034호로 개정되기 전의 것) 제154조 제1항의 문언 내용과 체계, 조세법률주의의 원칙상 과세요건이거나 비과세요건 또는 조세감면요건을 막론하고 조세법규의 해석은 특별한 사정이 없는 한 법문대로 해석하여야 하는 점 등을 종합하면, 양도소득세의 비과세요건인 '1세대 1주택'에 해당하는지를 판단할 때 거주자와 함께 1세대를 구성하는 배우자는 법률상 배우자만을 의미한다고 해석되므로, 거주자가 주택의 양도 당시 이미 이혼하여 법률상 배우자가 없다면, 그 이혼을 무효로 볼 수 있는 사정이 없는 한 종전 배우자와는 분리되어 따로 1세대를 구성하는 것으로 보아야 한다.

저는 2023년 12월에 결혼했습니다.
그리고 2025년 2월에 첫 아이를 출산했습니다.

출산 직후 어머니께서
"아이 키우는 데 보태라"며 1억 5천만 원을 증여해 주셨습니다.

세무사님께 상담을 받아 보니
직계존속 기본공제 5천만 원과
출산공제 1억 원을 적용하면
증여세는 나오지 않는다고 하여
별도로 세금을 납부하지는 않았습니다.

그런데 2026년 1월,
출산 후 1년이 채 되지 않아 어머니께서 갑자기 돌아가셨습니다.

상속세를 신고하려고 하니
세무서에서 "출산 후 받은 1억 5천만 원을 상속재산에 합산해야
한다"고 합니다.

출산공제로 세금도 안 낸 금액인데,
이걸 다시 상속재산에 포함시키는 것이 맞는지 궁금합니다.

상담자께서는 지금 증여세와 상속세 관련 두가지 문제가 겹쳐져
있는 상황입니다.

하나는 출산공제에 따른 증여세 문제,

다른 하나는 상속세 계산 시 사전증여 합산 문제입니다.

많이들 혼동하는 부분이어서, 차근차근 정리해 드리겠습니다.

기본적으로
출산공제는 「상속세 및 증여세법」 제53조의2 제2항에 근거한
제도입니다.
위 규정에 따르면
직계존속이 자녀의 출생일(또는 입양일)부터 2년 이내에 증여하는
경우
기본공제 5천만 원과 별도로
최대 1억 원을 추가 공제를 받을 수 있습니다.

상담자의 경우,
증여재산 1억 5천만 원
기본공제 5천만 원
출산공제 1억 원이어서
결과적으로 증여세 과세표준이 0원이 되었고
증여세 산출세액도 0원이었습니다.

여기까지는 아무 문제가 없습니다.

그러나 상속세는 계산 방식이 다릅니다.
상속개시일 전 10년 이내에
피상속인이 상속인에게 증여한 재산은
상속세 과세가액에 합산됩니다.

여기서 중요한 점은,

✔ 증여세를 냈는지 여부와 무관하게

✔ 공제를 받아 세금이 0원이었더라도

✔ 10년 이내라면 전액 합산된다는 점입니다.

그런데 상담자의 경우
증여는 2025년 2월에 받았고,
어머니의 상속개시는 2026년 1월에 발생하여
증여 이후 10년 이내의 1억 5천만 원은
상속재산에 전액 더해집니다.

만약 상속세 계산 시
10년 이내 증여분에 대해 이미 납부한 증여세가 있다면
그 세액은 상속세에서 공제됩니다.

하지만 상담자께서는
출산공제로 인해 증여세 산출세액이 0원이었습니다.

따라서 상속세에서 공제할 세액도 없습니다.

이 때문에
상속세 부담이 상대적으로 커질 수 있습니다.

구체적인 예를 들어 설명 드려 보겠습니다.
어머니의 사망 당시 재산이
부동산 20억 원
금융자산 5억 원
총 25억 원이라고 가정해 보겠습니다.

여기에 사전증여 1억 5천만 원이 더해지면
상속세 계산의 출발점은 26억 5천만 원이 됩니다.

이후 어머니가 생전에 진 채무 등을 차감 후
상속공제를 적용받게 됩니다.
배우자가 생존해 있다면 배우자상속공제가 적용되고,
배우자가 없다면 일괄공제 5억 원이 적용됩니다.

이렇게 공제를 거친 뒤
누진세율(10%~50%)이 적용됩니다.

따라서 상속재산에 가산되는 10년 내의 사전증여가 없었다면
상속세 과세표준이 더 낮아졌을 것이므로
세 부담도 줄어들 수 있었겠지요.

지금 상황에서는 이미 상속이 발생했으므로
사후적으로 줄이기는 어렵습니다.

상담자의 상황을 정리하면 다음과 같습니다.

출산공제를 적용한 증여에 대하여는
세금이 발생하지 않았습니다.
그러나 상속개시 전 10년 이내의 증여로
위 금액은 어머니의 상속세 과세가액에 전액 합산됩니다.

한편,
증여세 산출세액이 0원이므로 공제할 세액도 없습니다.

이와 같이

출산공제는 증여 당시에는 공제가 1억 원까지 되므로 절세로서

유용한 제도입니다.

다만 상속세와 연결되는 구조까지 함께 이해하지 않으면

기대와 다른 결과가 나타날 수 있습니다.

향후 결혼이나 출산과 관련한 증여를 계획하는 경우에는

이러한 점을 종합적으로 고려하여

장기적인 재산 이전 계획을 세우는 것이 중요합니다.

헌법재판소 2023. 6. 29. 선고 2022헌바112 결정

상속세와 증여세는 피상속인과 상속인 사이에서 세대 간의 경제적 가치 있는 재산의 무상이전에 대해 부과되는 것이라는 점에서는 같다. 그러나 상속세는 상속개시 시점에서 피상속인이 소유하고 있는 재산에 대해서만 과세하기 때문에, 피상속인이 생전에 그의 재산을 모두 다른 사람에게 증여한다면 상속세의 과세가 불가능하게 되므로, 생전에 재산을 무상으로 이전하는 증여에 대해서도 증여세를 부과할 필요가 있게 된다. 이처럼 세대 간의 재산의 무상이전에 대해서는 상속세가 주된 것이고, 증여세는 이러한 상속세를 보완하기 위한 과세 제도라 할 수 있다.

그런데 만일 합산조항과 심판대상조항이 없다면 피상속인은 상속인에게 분할 증여를 함으로써 누진세율에 의한 상속세 부담 없이 상당한 재산을 이전할 수 있어 증여세의 상속세에 대한 보완기능이 불충분하게 되고, 고액의 재산가들이 이와 같은 방법으로 사전증여를 통하여 누진세율을 회피하는 것이 성행한다면 재산상속을 통한 부의 집중의 완화라는 상속세의 목적을 달성하지 못하는 결과가 발생할 우려도 있다.

따라서 입법자는 증여를 허용하더라도 과세상 이를 어떻게 취급할 것인지, 즉 증여를 상속재산에 합산과세 할 것인지 여부, 합산한다면 그 기간의 장단, 합산한 경우 그 합산액을 공제한도에 포함시킬 것인지 여부, 포함시킨다면 어느 범위 내에서 이를 포함시킬지 여부 등은 상속세에 대한 보완세라는 증여세의 기능을 고려하여 그 입법형성재량에 기초한 정책적 판단에 따라 결정할 수 있다. 심판대상조항은 증여의 형태로 재산을 분할, 이전하여 고율의 누진세율에 의한 상속세 부담을 회피하는 것을 방지하기 위해 일정기간 이내에 사전증여재산을 상속재산가액에 합산하는 상증세법 제13조 제1항의 취지가 상실되지 않도록 하기 위한 것으로서, 이를 두고 지나치게 사전증여에 대한 제재만을 추구

한 결과 합리적인 범위를 벗어나 입법형성권을 자의적으로 행사하였다고 보기
는 어렵다(헌재 2003. 1. 30. 2001헌바61등 참조).

이혼

💬 부부가 같이 산 집을 남편이 마음대로 팔아버렸어요. 이혼할 수 있나요?

저희 부부는 혼인 중에 함께 돈을 모아 아파트를 마련했고,
그 집에서 두 아이와 같이 살고 있었습니다.
그런데 남편이 제 동의도 없이
그 아파트를 갑자기 팔아버렸습니다.
매매대금도 전부 남편이 혼자 다 써버렸고요.

집 명의가 남편 앞으로 되어 있긴 했지만,
결혼해서 같이 마련한 집인데

이렇게 마음대로 팔아도 되는 건가요?

그리고 이런 경우, 제가 이혼을 청구할 수 있는지도 알고 싶습니다.

먼저 이 사안은 크게 세 가지로 나누어 보셔야 합니다.

- 남편의 일방적인 처분이 법적으로 문제 되는지
- 그것이 이혼 사유에 해당하는지
- 상담자가 어떤 권리를 행사할 수 있는지

차례대로 설명드리겠습니다.

우리 민법은 부부별산제를 원칙으로 합니다.
즉, 혼인 중이라도 자기 명의로 취득한 재산은 형식상 그 사람의
재산입니다.

그래서 남편 명의의 아파트는
겉으로 보면 남편이 처분할 권한을 가지고 있습니다.

하지만 여기서 중요한 점이 있습니다.

혼인 중에 부부가 협력해서 마련한 재산은
비록 명의가 한 사람 앞으로 되어 있더라도
실질적으로는 '부부공동재산'의 성격을 가집니다.

특히 가족이 함께 거주하던 유일한 주거용 아파트라면,
그 의미는 더욱 무겁습니다.

이런 주거용 부동산의 처분은
일상적인 가사 처리가 아니라,
가족의 삶 전체를 흔드는 중대한 재산 처분행위입니다.

따라서 배우자의 동의 없이
이를 일방적으로 처분하는 행위는
부부 사이의 신뢰와 협조를 전제로 한
혼인의 본질에 어긋나는 행동입니다.

그러면 이런 일이 이혼 사유가 될 수 있나요?

네, 충분히 이혼 사유가 될 수 있습니다.

민법은
"기타 혼인을 계속하기 어려운 중대한 사유"가 있는 경우
재판상 이혼을 청구할 수 있도록 하고 있습니다.

법원은 이 기준을 이렇게 설명합니다.

"부부 사이의 애정과 신뢰를 바탕으로 한
공동생활이 회복할 수 없을 정도로 파탄되어,
혼인생활을 계속 강요하는 것이
일방 배우자에게 참을 수 없는 고통이 되는 경우"

상담자의 상황을 보면,
가족이 함께 살던 유일한 주거 공간을 잃었고
배우자의 동의 없이 독단적으로 처분되었으며
그 대금마저 혼자 사용하였고
그 결과 배우자와 자녀가 갈 곳을 잃게 된 상태입니다.

이는 단순한 재산 다툼을 넘어
부부의 부양·협조의무를 중대하게 위반한 행위로 평가될 수 있습니다.
실제 판례도
부부공동재산을 일방이 마음대로 처분한 경우를
혼인관계를 근본적으로 파괴한 중대한 신뢰 위반으로 보고 있습니다.

그럼 상담자는 어떤 권리를 행사할 수 있나요?
다음과 같은 권리를 함께 검토하실 수 있습니다.

① 재판상 이혼 청구

　　남편의 중대한 귀책사유를 이유로 이혼을 청구할 수 있습니다.

② 재산분할 청구

　　혼인 중 형성된 재산에 대하여 재산분할을 청구할 수 있습니다.

③ 위자료 청구

　　주거를 잃게 된 정신적 고통, 배우자의 중대한 신뢰 위반에 대해

대법원 2002. 3. 29. 선고 2002므74 판결

민법 제840조 제6호 소정의 이혼사유인 '혼인을 계속하기 어려운 중대한 사유가 있을 때'라 함은 부부간의 애정과 신뢰가 바탕이 되어야 할 혼인의 본질에 상응하는 부부공동생활관계가 회복할 수 없을 정도로 파탄되고 그 혼인생활의 계속을 강제하는 것이 일방 배우자에게 참을 수 없는 고통이 되는 경우를 말한다.

대법원 2013. 6. 20. 선고 2010므4071, 4088 전원합의체 판결

재산분할 제도는 이혼 등의 경우에 부부가 혼인 중 공동으로 형성한 재산을 청산·분배하는 것을 주된 목적으로 한다. 이는 민법이 혼인 중 부부의 어느 일방이 자기 명의로 취득한 재산은 그의 특유재산으로 하는 부부별산제를 취하고 있는 것을 보완하여, 이혼을 할 때는 그 재산의 명의와 상관없이 재산의 형성 및 유지에 기여한 정도 등 실질에 따라 각자의 몫을 분할하여 귀속시키고자 하는 제도이다.

💬 이혼하면서 받은 재산, 정말 세금은 안 내도 되는 건가요?

E씨는 최근 이혼을 하게 되었습니다.
혼인 기간 동안 배우자와 함께 부동산과 금융자산을 형성했고,
이혼 과정에서 상당한 재산을 재산분할로 배우자로부터 이전
받았습니다.

주변에서 이런 말을 들었습니다.
"재산분할로 받는 거면 세금은 안 내도 돼."
"그래도 금액이 크면 세무서에서 문제 삼을 수도 있대."

E씨는 혼란스럽습니다.
"이혼하면서 재산분할로 받은 재산은
정말로 증여세나 소득세를 안 내도 되는 건가요?
아니면 혹시 나중에 세금 문제가 생길 수도 있나요?"

결론부터 말씀드리면,
이혼에 따른 재산분할로 받는 재산은 원칙적으로 증여세나
소득세를 내지 않습니다.

그 이유부터 설명드리겠습니다.

• 왜 재산분할에는 세금이 붙지 않나요?

법은 이혼에 따른 재산분할을 증여가 아니라 공동재산의 청산으로
봅니다.
즉, 부부가 혼인 중에
서로 협력해서 만든 재산을

이혼하면서 나누는 것이기 때문입니다.

그래서 재산분할은
새로운 재산을 무상으로 받는 증여가 아니기 때문에
증여세나 소득세를 과세하지 않는 것입니다.

이 점에 대해서는 법원도 같은 입장입니다.

• 그럼 정말 아무 세금도 안 내도 되나요?

여기서부터가 중요합니다.
"원칙적으로는 그렇다"는 말에는
항상 예외가 따라옵니다.

예외적으로
재산분할이 지나치게 많은 경우에는 재산분할이라는 이름을
붙였더라도,
현저히 과도한 재산을 한쪽이 받았다면, 그 초과 부분은
"사실상 증여"로 볼 수 있습니다.

이 경우에만
초과한 부분에 한해 증여세가 과세될 수 있습니다.

중요한 점은,
이렇게 "현저히 과도하다"는 사실을
세무서가 입증해야 한다는 것입니다.

그러면 재산분할로 부동산을 받았는데, 정말 아무 세금도 없나요?

여기서 하나 더 주의하셔야 합니다.

재산분할 자체로 받은 재산에는

증여세나 소득세가 붙지 않지만,

부동산을 넘겨받으면 취득세는 별도로 냅니다.

이건 "재산분할이라서 세금이 붙는다"가 아니라,

부동산을 취득했기 때문에 내는 세금입니다.

이는 증여 받는 경우에도 취득세를 내는 것과 같습니다.

다만, 이혼에 따른 재산분할인 경우에는

일반 취득보다 세율이 낮게 적용되는 특례가 있습니다.

그러므로, 증여세 부담위험을 낮추려면

재산분할 합의서에는 반드시

"재산분할"이라는 명시적인 표현과 법적 근거를 남기셔야 합니다.

그리고 재산분할 금액은

혼인 기간, 재산 형성 기여도, 실제 공동재산 규모를 고려하여

상식적인 범위에서 정하는 것이 안전합니다.

이러한 재산분할청구는

이혼한 날부터 2년 이내에 해야 합니다.

대법원 2017. 9. 12. 선고 2016두58901 판결

이혼에 따른 재산분할이 민법 제839조의2 제2항의 규정 취지에 반하여 상당하다고 할 수 없을 정도로 과대하고 상속세나 증여세 등 조세를 회피하기 위한 수단에 불과하여 그 실질이 증여라고 평가할 만한 특별한 사정이 있는 경우에는 상당한 부분을 초과하는 부분에 한하여 증여세 과세대상이 될 수 있다.

저는 5년 이혼 후 전 배우자에게 아이의 양육비를 매달 200만원씩 보내고 있습니다.

한 번도 밀린 적은 없고,

같이 살지 않기 때문에 가능하면 아이에게 부족함이 없도록 더 신경 쓰고 있습니다.

그런데 연말정산을 하다 보니

양육비로 보낸 금액은 어디에도 공제가 되지 않는다고 하더군요.

제 통장에서는 매달 양육비로 200만원씩 빠져나가는데

연말정산상으로는 아무 혜택이 없다는 게

솔직히 좀 허탈합니다.

제가 양육비를 전처에게 매달 보내는데도

연말정산에서는 아무 혜택도 못 받는 건가요?

상담자께서는 이혼 이후에도

동거하고 있지 않은 자녀에 대한 책임을

성실히 이행하고 계신 상황에서

연말정산상 아무 공제도 받지 못한다는 이야기를 듣고

불합리하게 느끼신 것으로 보입니다.

먼저 가장 중요한 점부터 말씀드리겠습니다.

협의이혼 시 보내기로 한 양육비 그 자체는 소득공제나 세액공제

대상이 아닙니다.

세법에서는 양육비를
부모로서의 부양의무 이행으로 볼 뿐,
별도의 소득세 공제 항목으로 인정하지 않습니다.

따라서 매달 지급한 양육비 금액만큼
연말정산에서 바로 차감되는 구조는 아닙니다.

연말정산에서 실제로 중요한 것은
양육비 금액이 아니라
자녀를 기본공제 대상으로 누가 올리느냐입니다.

자녀를 기본공제에 올리면 다음과 같은 항목이 함께 연결됩니다.

- ✔ 자녀세액공제
- ✔ 교육비 세액공제
- ✔ 의료비 세액공제
- ✔ 신용카드 사용액 공제

이처럼 여러 공제가 한 번에 따라붙기 때문에
절세 효과는 상당히 큽니다.

따라서 연말정산의 관건은
"양육비를 보냈느냐"가 아니라
"자녀 기본공제를 누가 신청하느냐"입니다.

그러나 자녀 기본공제는 누구나 받을 수 있는 건 아닙니다
기본공제를 받으려면 다음 요건을 충족해야 합니다.

✔ 자녀가 만 20세 이하

✔ 자녀의 연간 소득금액 100만원 이하 (근로소득만 있는 경우
총급여 500만원 이하)

그리고 가장 중요한 점은,

부모 중 한 명만 신청할 수 있다는 점입니다.

같은 과세연도에

양쪽 부모가 동시에 자녀를 기본공제로 올리면

한쪽은 배제되고,

추징과 가산세 문제가 발생할 수 있습니다.

한편,

많은 분들이 이렇게 생각합니다.

"아이와 같이 살지 않으면 공제를 못 받는 것 아닌가요?"

반드시 그렇지는 않습니다.

이 경우 세법에서는

실질적으로 누가 생계를 부담했는지를 더 중요하게 봅니다.

이처럼 자녀 기본공제의 문제는

동거 여부가 절대 기준은 아닙니다.

다만,

일반적으로는

실제 자녀와 동거하면서 양육하는 양육자가 기본공제를 신청하는

경우가 많습니다.

그러나 비양육자가

교육비·의료비·보험료 등을 실질적으로 부담해 왔다는 점을
증빙자료를 통해 입증한다면
기본공제를 받을 여지도 있습니다.

따라서 단순히 양육비 송금 내역만으로는 부족한 경우가 많습니다.
추가적인 실제 지출한 증빙자료가 필요합니다.

이처럼 이혼한 부부가 연말정산시 발생하는 문제를 줄이려면
어떻게 해야 할까요?

실무적으로는
이혼합의서에
"연말정산 시 자녀 기본공제는 ○○가 신청한다"
는 조항을 넣는 것이 도움이 됩니다.

다만 연말정산시
형식적인 합의보다 실질 부양 관계가 더 중요하므로

따라서 다음 자료를 준비해 두는 것이 좋습니다.

✔ 건강보험 피부양자 등록 내역
✔ 학교 재학증명서 보호자 기재 사항
✔ 교육비·의료비 납부 영수증
✔ 보험료 납부 내역
✔ 카드 사용 내역
✔ 주거비 부담 자료

이러한 증빙이
실질 부양 여부 판단의 기준이 됩니다.

따라서 부부가 이혼하는 경우에는

✔ 기본공제자를 사전에 조율하고

✔ 실제 지출 명의와 공제 신청자를 일치시키며

✔ 실질부양 자료를 체계적으로 관리하는 것이

가장 현실적인 분쟁 예방 방법입니다.

국세청 질의회신 사례[소득 46011-1245(1999.4.2.)]

이혼으로 인한 미성년자의 공제대상부양가족 해당 여부

요지

친권을 모가 행사하기로 하고 부는 그 양육비의 일부를 지급하는 경우 부 또는 모의 공제대상부양가족에 해당함

회신

부부가 이혼으로 미성년자인 자(子)에 대한 친권을 모(母)가 행사하기로 하면서 동거하기로 하고 부(父)는 그 양육비의 일부를 지급하는 경우 당해 미성년자는 부(父) 또는 모(母)의 공제대상부양가족에 해당한다.

상속

💬 **어머니의 재산을 나눠야 하는 형제 이야기**

얼마 전 어머니께서 돌아가셨는데, 유언은 남기지 않으셨습니다.
아버지는 오래전에 돌아가셔서 형과 저, 둘이서 어머니의 재산을
공동으로 상속받게 되었습니다.

그런데 형은 어머니의 상속재산 중 아파트를 단독으로 상속받고
싶다고 합니다.

나머지 재산인 주식과 예금은 제가 가지면 된다고 말하는데,
상속재산은 어떤 방법으로 나누어야 할까요?
만약 형과 합의가 안 된다면 어떻게 해야 하나요?

사랑하는 가족을 잃은 슬픔 속에서 상속 문제로 갈등이 생기면 더욱
힘든 상황이 됩니다.

상속인 간의 원만한 관계 유지를 위해 우리 민법에서는
공동상속인들 사이에 상속재산의 분할을 위한 절차로서
민법 제1013조에 따라 상속재산 분할협의를 진행할 수 있습니다.

이러한 상속재산 분할협의는
공동상속인들이 상속재산을 어떻게 나눌지 합의하는 절차이므로,

이를 통해 각 상속인들의 구체적인 재산 소유를 확정하고
상속인들 각자의 상속분을 명확히 할 수 있습니다.

먼저 어머니의 사망으로 상속이 개시된 경우,
상속재산 분할협의 절차를 살펴보면 다음과 같습니다.

상속재산 분할협의 절차

상속재산을 나누는 첫 단계는
상속재산을 정확하게 파악하고, 나누는 방법에 대해 협의하는
것입니다.

먼저 어머니가 남기신 모든 재산을 파악해야 합니다.
이러한 상속재산에는 아파트, 주식, 예금 등이 모두 포함됩니다.
각 재산의 가치는 상속개시 시점을 기준으로 산정하여야 하는데,
이 과정에서 부동산 감정평가서나 금융기관 잔액증명서 등
객관적인 자료를 준비하여야 합니다.

상속재산 분할협의에는 반드시 상속인 전원이 참여해야 합니다.
따라서 공동상속인인 형과 상담자 두 명 모두 참여해야 하며, 한
명이라도 동의하지 않으면 협의는 성립되지 않습니다.

상속재산을 나누는 방법은 현물분할, 대금분할, 가격분할, 혼합
방식 등 여러 가지가 있을 수 있으며, 상황에 따라 적합한 방법을
선택하면 됩니다.

현물분할은 상속재산을 그대로 나누는 방식입니다.
예를 들어 형이 아파트를, 상담자가 주식과 예금을 상속받는
경우입니다.

대금분할은 상속재산을 매각하여 그 대금을 나누는 방식입니다.

아파트를 매각하여 현금으로 만든 뒤 나누는 방법이 이에 해당합니다.

가격분할은 한 상속인이 다른 상속인의 지분을 금전으로 정산하는
방식입니다.
형이 아파트를 단독 소유하면서 그 가치의 절반을 상담자에게
지급하는 경우입니다.

상속재산 분할협의가 끝났다면 각 상속인의 이름과 주소, 나누기로 한
상속재산의 목록과 그 가치, 분할 방법 등을 문서로 작성해야 합니다.
이 협의서에는 공동상속인 모두의 서명 또는 날인이 필요하며,
인감증명서를 첨부해야 합니다.

상속인들 사이에 협의가 이루어지지 않으면 가정법원에
상속재산분할 심판청구를 할 수 있습니다.
이 경우 법원은 특별수익과 기여분을 고려하여 상속재산을
분할하게 됩니다.

대법원 2010. 2. 25. 선고 2008다96963, 96970 판결

상속재산의 협의분할은 공동상속인 간의 일종의 계약으로서 공동상속인 전원이
참여하여야 하고 일부 상속인만으로 한 협의분할은 무효라고 할 것이나(대법원
1995. 4. 7. 선고 93다54736 판결 등 참조), 반드시 한 자리에서 이루어질 필요
는 없고 순차적으로 이루어질 수도 있으며(대법원 2001. 11. 27. 선고 2000두
9731 판결 등 참조), 상속인 중 한 사람이 만든 분할 원안을 다른 상속인이 후에
돌아가며 승인하여도 무방하다(대법원 2004. 10. 28. 선고 2003다65438,
65445 판결 등 참조).

대법원 2014. 11. 25. 선고 2012스156, 157 결정

민법 제1008조의2가 정한 기여분제도는 공동상속인 중에 피상속인을 특별히
부양하였거나 피상속인의 재산 유지 또는 증가에 특별히 기여하였을 경우 이
를 상속분 산정에 고려함으로써 공동상속인 간의 실질적 공평을 도모하려는

것인바, 기여분을 인정하기 위해서는 공동상속인 간의 공평을 위하여 상속분을 조정하여야 할 필요가 있을 만큼 피상속인을 특별히 부양하였다거나 피상속인의 상속재산 유지 또는 증가에 특별히 기여하였다는 사실이 인정되어야 한다.

💬 이혼 소송 중 배우자가 사망한 경우 상속은 어떻게 되나요?

얼마 전 누나가 불행히도 교통사고로 사망하였습니다.

누나는 생전에 매형과 이혼소송 중이었는데, 소송이 끝나기 전에 세상을 떠나고 말았습니다.

누나와 매형 사이에는 자녀가 없고, 저희 부모님도 이미 돌아가신 상태입니다.

이런 경우 누나의 재산은 누구에게 상속되나요?

우리 민법은 유언이 없는 경우 법정상속순위에 따라 상속을 인정합니다.

법률상 배우자는 직계비속이나 직계존속과 공동으로 상속을 받으며, 이들이 없는 경우에는 단독으로 상속을 받게 됩니다.

만약 이혼소송을 진행 중이더라도, 이혼 판결이 확정되지 않았다면 혼인관계는 여전히 유지되고 있는 것으로 봅니다.

따라서 이혼소송 중 배우자가 사망한 경우, 생존 배우자는 여전히 상속인이 됩니다.

결국, 누나의 재산은 이혼소송 중이던 매형이 단독으로 상속받게 됩니다.

다만 민법은 예외적인 상속결격 사유를 규정하고 있으며, 만약 매형이 고의로 누나를 해치거나 유언을 위조·은닉한 경우 등의 사정이 있다면 상속권을 상실할 수도 있습니다.

부산지방법원 2014. 6. 12. 선고 2014가합2306 판결

재판상 이혼청구권은 부부의 일신전속의 권리이므로 이혼소송계속 중 배우자의 일방이 사망한 경우에는 상속인이 그 소송절차를 수계할 수 없음은 물론이고, 또 그러한 경우에 검사가 이를 수계할 수 있는 특별한 규정도 없으므로 피고와 망인 사이의 이혼청구소송은 피고의 소취하 여부 또는 위자료 청구에 관한 소취하의 효력 유무와 상관없이 망인의 사망과 동시에 종료하였다고 해석함이 상당하다(대법원 1982. 10. 12. 선고 81프53 판결 참조). 이혼소송 중에 있는 배우자라도 아직 법률상 혼인관계가 계속되고 있으므로 배우자로서 상속권이 있다.

💬 막내아들에게 아파트를 상속하기로 한 아버지

아버지께서 돌아가시기 전

막내아들인 저에게 유일한 상속재산인 아파트를 상속하기로 한다는, 말씀을 남기고 돌아가셨습니다.

어머니는 오래전에 이미 돌아가셨고,
공동상속인으로는 누나 두 명과 저, 이렇게 세 명이 있습니다.

그런데 누나들은 아버지의 말씀은 유언으로 법적효력이 없다고 주장합니다.
아버지의 유언대로 제가 아파트를 상속받을 수 있나요?

우리 민법은 유언이 법적 효력을 가지기 위해서는

정해진 방식과 요건을 갖추어야 한다고 규정하고 있습니다.

유언의 방식은 자필증서, 녹음, 공정증서, 비밀증서, 구수증서의

다섯 가지입니다.

자필증서에 의한 유언은

유언자가 유언의 전 내용을 직접 손으로 작성해야 하고,

작성 연월일과 주소, 성명을 기재한 후 날인해야 합니다.

녹음에 의한 유언은

유언자가 유언의 취지를 구술하고,

자신의 성명과 연월일을 말해야 하며,

한 명 이상의 증인이 이를 확인해야 합니다.

공정증서에 의한 유언은

유언자가 두 명 이상의 증인과 함께 공증인 앞에서

유언의 취지를 구술하고,

공증인이 이를 필기·낭독한 뒤

유언자와 증인이 서명 또는 날인함으로써 성립합니다.

비밀증서에 의한 유언은

유언서에 서명·날인한 뒤 이를 봉인하여

두 명 이상의 증인 앞에서 자신의 유언서임을 밝히고,

공증인이나 법원 서기에게 제출해야 합니다.

구수증서에 의한 유언은

질병 등 급박한 사유로 다른 방식이 불가능한 경우에만 허용되며,

증인 두 명 이상 앞에서 유언의 취지를 구술하고

그 중 한 명이 이를 필기하여 서명·날인한 후

법원의 확인을 받아야 합니다.

이러한 방식과 요건을 갖추지 못한 유언의 경우

아무리 고인의 진정한 의사가 담겨 있더라도

법적으로 효력이 인정되지 않습니다.

또한,

아버지께서 남긴 유언이 적법하여 이에 따라

상담자가 모든 재산을 상속받게 되더라도,

다른 공동상속인의 유류분이 침해된다면

유류분 반환 청구가 문제될 수 있습니다.

민법상 유류분은

직계비속의 경우 법정상속분의 2분의 1로 정해져 있습니다.

따라서 아버지의 유언으로 만약 누나들의 유류분이 침해되었다면,

이에 대한 반환청구가 받아들여지게 될 수 있습니다.

다만 이러한 유류분 반환청구권은

상속개시 및 반환해야 할 증여나 유증이 있었음을 안 날로부터 1년,

상속개시일로부터 10년이 지나면 소멸합니다.

대법원 2014. 10. 6. 선고 2012다29564 판결

민법 제1065조 내지 제1070조가 유언의 방식을 엄격하게 규정한 것은 유언자의 진의를 명확히 하고 그로 인한 법적 분쟁과 혼란을 예방하기 위한 것이므로, 법정된 요건과 방식에 어긋난 유언은 그것이 유언자의 진정한 의사에 합치하더라도 무효라고 하지 않을 수 없다.

💬 아버지의 장례비용은 누가 부담하나요?

얼마전 아버지께서 돌아가셨습니다.
아버지의 장례비용을
공동상속인 중 특정 상속인 1명이 전부 부담한 경우,
이 비용은 어떻게 정산해야 할까요?

먼저 장례비용은 상속비용에 해당하며,
상속재산에서 우선적으로 지급됩니다.

이 경우 특별한 사정이 없는 한
장례비용은 민법 제1000조 및 제1003조에 규정된 상속의 순위에
의하여
가장 선순위에 놓인 자들이 각 법정상속분의 비율에 따라 부담함이
원칙입니다.

따라서, 장례비용은 법정상속분의 비율에 따라
공동상속인들이 부담해야 한다는 원칙이 적용됩니다.

그러므로 특정 상속인이 전부 부담한 경우
다른 상속인들에게 법정상속분에 따라 구상할 수 있습니다.

그리고 부의금은
장례비용에 충당하기 위한 증여에 해당하게 되며,
장례비용을 초과하는 경우에만
상속인들에게 귀속됩니다.

피상속인의 장례비는 성질상 공동상속인들이 법정상속분의 비율로 공동부담하여야 하므로 공동상속재산에서 공제되어야 한다.

사람이 사망한 경우에 부조금 또는 조위금 등의 명목으로 보내는 부의금은 상호부조의 정신에서 유족의 정신적 고통을 위로하고 장례에 따르는 유족의 경제적 부담을 덜어줌과 아울러 유족의 생활안정에 기여함을 목적으로 증여되는 것으로서, 장례비용에 충당하고 남는 것에 관하여는 특별한 다른 사정이 없는 한 사망한 사람의 공동상속인들이 각자의 상속분에 응하여 권리를 취득하는 것으로 봄이 우리의 윤리감정이나 경험칙에 합치된다고 할 것이다.

증여

💬 **재혼 후 낳은 아이에게 미리 준 재산, 10년이 지난 경우에도 유류분 반환 대상인가요?**

A씨와 B씨는 각각 전혼에서 자녀를 한 명씩 둔 상태로 재혼했습니다.
재혼 이후 두 사람 사이에서는 자녀 C가 태어났습니다.

전혼 자녀들은 모두 부모와 함께 살지 않았고,
재혼 이전 이혼 과정에서
재산분할과 양육비 지급도 이미 정리된 상태였습니다.

재혼 이후 A씨와 B씨는 함께 사업과 투자를 하며
상당한 재산을 모았습니다.

두 사람은 이렇게 생각했습니다.

"우리가 재혼 후에 함께 만든 재산이니,
이 재산은 우리 사이에서 낳은 아이 C에게
많이 물려주고 싶다."

그래서 두 사람은 상속세 절세를 위해
자녀 C에게 부동산과 금융자산의 대부분을 미리 증여했습니다.

자녀 C에게 증여를 한 지 10년 넘게 시간이 흐른 후
A씨와 B씨가 차례로 사망하자,
전혼 자녀들은 C에게 유류분 반환청구를 제기하였습니다.

C 는 궁금합니다.

"부모가 돌아가시기 10년 이전에 미리 증여 받은 재산인데도
유류분 반환 청구의 대상이 될 수 있나요?"

 이 사안에서 가장 많이 오해되는 부분부터 바로잡아야 합니다.

유류분에서는
'언제 증여했느냐'보다
'누구에게 증여했느냐'가 더 중요합니다.

상속세 계산시 10년 이내 증여된 재산을 합산하는 것과는 구별해야
됩니다.

  • 전혼 자녀도 유류분권자에 해당하나요?

네, 해당합니다.

전혼 자녀라고 하더라도
법적으로는 모두 피상속인의 직계비속입니다.
따라서 전혼 자녀와 재혼 후 자녀 C는
각 피상속인의 유류분권자에 해당합니다.

과거에
양육비를 충분히 받았다는 사정만으로
유류분권이 사라지지는 않습니다.

  • 사망 10년 이전 증여는 자동으로 제외되나요?

아닙니다.

유류분 제도에서

'사망 전 10년'은 절대적인 기준이 아닙니다.

법원은 다음과 같이 봅니다.

- 상속인이 아닌 제3자에게 한 증여
  → 원칙적으로 사망 전 1년 이내 증여만 포함

- 상속인에게 한 증여
  → 증여 시기와 관계없이 유류분 산정에 포함

이 사건에서
자녀 C는 피상속인의 직계비속으로 상속인에 해당합니다.
따라서,
재혼 후 자녀 C에게 한 증여는
사망 10년 이전에 이루어졌더라도
유류분 계산에서 제외되지 않습니다.

따라서 부모가 사망 10년 이전에
자녀 C에게 한 증여는
상속인에 대한 증여이므로
증여 시기와 무관하게
유류분 산정의 기초재산에 포함됩니다.

그 결과,
만약 재혼 후 자녀에 대한 증여로 인해
전혼 자녀들의 유류분이 침해되었다면
전혼 자녀들은 자녀 C를 상대로 유류분 반환청구를 할 수 있습니다.

이 사례의 핵심은 분명합니다.

유류분 반환청구에서는

"생전증여에 의한 상속인의 특별수익인지"가 기준입니다.

재혼 후 낳은 자녀에게 한 증여는

10년 이전의 사전증여로 이루어졌더라도

유류분 반환 문제가 발생할 수 있습니다.

대법원 1996. 2. 9. 선고 95다17885 판결 유류분반환

공동상속인 중에 피상속인으로부터 재산의 생전 증여에 의하여 특별수익을 한 자가 있는 경우에는 민법 제1114조의 규정은 그 적용이 배제되고, 따라서 그 증여는 상속개시 1년 이전의 것인지 여부, 당사자 쌍방이 손해를 가할 것을 알고서 하였는지 여부에 관계없이 유류분 산정을 위한 기초재산에 산입된다.

💬 내연녀에게 생명보험금을 남기신 아버지

아버지께서 생전에

내연관계에 있던 사람을 보험수익자로 지정했고,

사망 후 그 사람이 거액의 보험금을 수령하였습니다.

아버지의 내연녀가 수령한 이 보험금도 상속인들이 유류분

반환청구할 수 있나요?

생명보험금은

원칙적으로 보험수익자의 고유재산으로 보며

상속재산에는 포함되지 않습니다.

다만 상속개시 전 1년 이내에 이루어진 증여이거나,

유류분 침해의 인식이 있었던 경우에는

예외적으로 유류분 반환청구 대상이 될 수 있습니다.

- 유류분 산정 기초재산 산입 요건

  민법 제1114조에 따라,

  공동상속인이 아닌 제3자에 대한 증여는 다음의 경우에 유류분

  산정 기초재산에 산입됩니다.

  ① 원칙: 상속개시 전 1년간의 보험료 납입

  상속개시일(아버지 사망일)로부터 소급하여 1년 이내에 납입한

  보험료에 상응하는 보험금 부분은 유류분 산정 기초재산에

  산입됩니다.

  ② 예외: 1년 이전의 보험료 납입도 산입되는 경우

  상속개시 1년 이전에 납입한 보험료라도, 피상속인과 내연녀가

  유류분권리자에게 손해를 가할 것을 알고 보험수익자 지정 및

  보험료 납입을 한 경우에는 유류분 산정 기초재산에 산입됩니다.

- "당사자 쌍방의 악의" 입증

  이는 매우 엄격한 요건이 적용됩니다.

  피상속인과 내연녀가 보험료 납입 당시

  – 보험료 납입으로 인해 남은 재산이 유류분에 부족하게 된다는 점
  – 장래 상속개시일까지 피상속인의 재산이 증가하지 않을
    것이라는 점
  – 이러한 인식을 증여 당시(각 보험료 납입 시점)를 기준으로 판단

따라서 단순히 "내연녀에게 보험금을 주면 상속인들이 손해를 본다"는 정도의 인식만으로는 부족하고 구체적으로 재산 상황, 향후 재산 증가 가능성 등을 종합적으로 고려하여 판단하게 됩니다.

피상속인이 자신을 피보험자로 하되 공동상속인이 아닌 제3자를 보험수익자로 지정한 생명보험계약을 체결하거나 중간에 제3자로 보험수익자를 변경하고 보험회사에 보험료를 납입하다 사망하여 그 제3자가 생명보험금을 지급받은 경우, 피상속인의 보험료 납입행위는 제3자에 대한 증여에 해당하고, 그 증여는 민법 제1114조에 따라 유류분 산정을 위한 기초재산에 산입되어 유류분 반환청구의 대상이 될 수 있다.

💬 부모님께 매달 생활비를 드렸는데, 집을 넘겨받으면 증여세를 내야 하나요?

부모님이 연세가 많으시고 소득이 거의 없으셔서
몇 년 전부터 제가 매달 생활비를 보내드렸습니다.
병원비나 부모님의 빚도 제가 대신 갚아드린 적이 있고요.

그러다 부모님이
'우리가 가진 건 이 아파트 한 채뿐인데,
나중에 너한테 넘겨주겠다'고 하셨고,
실제로 그 집을 제 앞으로 이전해 주셨습니다.

저는 부모님을 부양한 대가라고 생각했는데,

세무서에서는
'이건 증여니까 증여세를 내야 한다'고 합니다.

제가 계속 돈을 드렸는데도
이게 정말 증여가 되는 건가요?

먼저,
부모에게 집을 넘겨받았다고 해서
항상 증여세를 내야 하는 것은 아닙니다.

다만, 그 이전이 '무상으로 받은 것인지',
아니면 '서로 주고받은 대가가 있는지'를 따져봐야 합니다.

조금 풀어서 설명드릴게요.

자녀가
경제력이 없는 부모에게
생활비를 드리는 것 자체는
법적으로 부담해야 하는 부양의무 이행입니다.

따라서
단순히 부모에게 용돈을 드렸다고 해서
이를 바로 대가관계가 있는 것으로 보지는 않습니다.

하지만 세금 문제에서는
여기서 한 단계 더 들어갑니다.

부모에게 드린 돈이 아무 조건 없이 준 건지,

아니면 재산을 넘겨받는 걸 전제로 준 건지가 문제됩니다.

즉, 무상인지, 대가관계가 있는지를 보는 겁니다.

법원은

부모에게 받은 재산과

부모에게 준 생활비와 대가 관계가 인정되는지에 따라

증여인지 아닌지를 판단하게 됩니다.

이 경우 법원은 다음의 사정들을 고려합니다.
- 용돈을 한두 번 준 게 아니라 매달 정기적으로 상당한 금액을 지급하였는지
- 그 기간이 짧지 않고 여러 해에 걸쳐 계속되었는지
- 생활비뿐 아니라 부모님의 채무나 병원비 등도 대신 부담했는지
- 그리고 그 결과로 부모 명의의 부동산이 자녀에게 이전되었는지

그리고 이런 사정이 함께 있다면,

부모 재산의 이전을

아무 대가 없이 받은 무상이전, '증여'로만 보기는 어렵습니다.

즉,

부모님의 재산 이전과

자녀의 경제적 부담이

서로 대가 관계로 볼 여지가 생깁니다.

그럼 증여세는 어떻게 판단되나요?

이런 경우에는

집 전체가 한꺼번에 증여가 되는 게 아니라,

상담자가 실제로 부담한

생활비나 부모님의 채무 변제액은 '대가'로 인정하고

그 금액을 제외한 나머지가 있다면

그 부분만 증여로 볼 수 있게 됩니다.

만약

상담자가 부담한 금액이

집의 가치와 비슷하거나 더 많다면,

증여세를 부과하기는 쉽지 않습니다.

다만,

이러한 문제는 자동으로 해결되는 문제가 아니라,

사실관계를 얼마나 잘 설명하고 입증하느냐에 달려 있습니다.

따라서 상담자가

부모에게 집을 받았다고 해서

무조건 증여세를 내는 건 아닙니다.

부모님께 드린 생활비와 채무 변제가

실질적인 대가로 인정되면,

그만큼은 증여가 아닐 수 있습니다.

다만, 그 점을 증빙으로 설명할 책임은 상담자에게 있습니다.

그래서 이런 구조에서는

처음부터 기록을 남겨 두는 게

무엇보다 중요합니다.

위 대법원 판결은 하급심 판결을 정당한 것으로 인정하였는데, 하급심에서는 A와 B의 채무를 대신 변제한 것으로 보이는 점, 원고는 2007. 10. 경부터 모친에게 매월 120만원씩을 지급하였는데 원고가 출가녀로서 상당한 정도의 수입도 있었던 반면 다액의 채무도 부담하고 있었던 사정 등 원고의 가족관계, 수입, 재산상태를 감안하면 이러한 금원의 지급을 단지 부모에 대한 부양의무의 이행에 불과하다고 보기 어려운 점, 이 사건 아파트는 A와 B의 유일한 재산으로 보이는데, B가 이 사건 아파트를 출가녀인 원고에게 무상으로 이전할 특별한 이유를 찾기 어려운 점, 원고와 B 사이의 위 거래는 소유 주택을 담보로 맡기고 평생 동안 연금방식으로 매월 노후생활자금을 지급받는 주택연금과 비슷하다고 볼 여지가 있는 점 등을 종합하여 보면, 원고가 이 사건 아파트를 B로부터 증여 즉, 무상 또는 현저하게 저렴한 대가를 받고 이전받은 것으로 보기 어렵고, 오히려 취득 전·후를 통하여 정당한 대가를 지급하고 매수한 것이거나 적어도 부담부증여로 취득한 것으로 보는 것이 상당하며 부담부증여로 보더라도 증여재산가액에서 차감되는 생활비 지급액이 6,910만원으로서 증여재산가액 자체를 초과하므로 이 사건 부과처분은 위법하다고 판단하였습니다(서울행정법원 2013. 7. 26. 선고 2012구합40728 판결, 서울고등법원 2014. 6. 17. 선고 2013누25056 판결 참고).

💬 **10년 전 아버님에게 증여받을 때는 10억씩 공평하게 현금, 부동산, 주식을 받았는데요... 10년 뒤 30억, 80억이 되면 다시 나눠야 하나요?**

🔎 아버님은 돌아가시기 오래 전부터 당뇨로 투병 중이셨고,
어머니는 이미 돌아가신 상태였습니다.
자녀는 큰누나 '하나', 둘째 누나 '두나', 막내 아들인 저까지 '세나'
이렇게 셋입니다.

아버님은 생전에 "내가 죽고 나서 너희끼리 싸우지 말라"며
10여년 전에 재산을 저희에게 미리 나누어 주셨습니다.

큰누나에게는 결혼자금으로 현금 10억 원,
둘째 누나에게는 당시 시가 10억 원 상당의 반포 아파트,
저에게는 당시 주식평가액 10억 원 상당의 제약회사 주식을 증여해
주셨습니다.

세 자녀 모두 각 10억 원씩 받은 셈이었고,
아버님은 "이후 재산분배에 대해 이의 제기하지 않는다"는
합의서까지 받아두었습니다.

그런데 최근 아버님이 돌아가실 무렵 상황이 달라졌습니다.

둘째 누나의 아파트는 재건축이 확정되며 30억 원이 되었고,
제가 받은 주식은 신약 개발 성공으로 80억 원까지 상승했습니다
그러나 큰누나가 받은 현금 10억 원은 그대로입니다.

큰누나는 이제와서 "나는 10억인데, 너희는 30억·80억이다.
증여받은 재산을 다시 정산해야 한다"고 주장합니다.

큰누나의 말처럼 정말 다시 정산을 해야하는 상황인가요?

많은 분들이 "생전에 공평하게 줬는데 왜 문제냐"고 생각하지만,
법적으로는 충분히 분쟁이 발생할 수 있는 구조입니다.

유류분 산정의 핵심은 '증여 당시의 공평'이 아니라 '상속개시
당시의 가치'입니다.

✔ 유류분 계산은 '사망 당시'를 기준으로 합니다

유류분은 상속이 개시되는 시점, 즉 사망 당시를 기준으로
계산합니다.

유류분 기초재산은 다음과 같이 산정합니다.
유류분 기초재산
= (상속개시 당시 남은 재산) + (유류분 산정에 포함되는 생전
　증여재산의 가액) − (채무)

상담자는 아버님 사망 당시 별다른 잔존재산이 거의 없다고
하셨으므로,
단순 계산을 위해 증여재산만으로 계산해 보겠습니다.

큰누나(하나): 10억
둘째 누나(두나): 30억
막내 아들(세나): 80억
합계 = 120억 원

어머니가 먼저 사망했고 자녀가 3명뿐이라면,

법정상속분은 각 1/3

직계비속의 유류분율은 법정상속분의 1/2

따라서 각자의 유류분 비율은

1/3 × 1/2 = 1/6입니다.

이를 금액으로 계산하면

120억 × 1/6 = 각 20억 원입니다.

즉, 세 자녀는 최소한 각 20억 원은 보장받아야 하는 구조입니다.

이제 각자가 실제로 받은 금액을 기초로 부족한 금액을 비교해
보겠습니다.

하나: 10억 → 10억 부족

두나: 30억 → 부족 없음

세나: 80억 → 부족 없음

따라서 큰누나는 다른 두 자녀에게
총 10억 원의 유류분 반환을 청구할 수 있는 구조가 됩니다.

이처럼
두나와 세나가 모두 유류분을 초과하여 받은 상태이므로,
하나의 부족분 10억 원은 두 사람의 초과 재산에 비례하여 부담하게
됩니다.
따라서 두 사람은 합계 10억 원을 하나에게 반환해야 하는 결과가
나옵니다.

한편,
아버님이 생전에 받아둔 "이의제기하지 않는다"는 합의서는

유류분과 관련하여 효력이 인정되기 어렵습니다.

유류분은 상속이 개시된 이후에야 행사할 수 있는 권리이기 때문에,
사전에 포기한다는 약정은 원칙적으로 유효하지 않기 때문입니다.

그렇다면 반환은 어떻게 해야하나요?

이 경우 유류분 반환은 원칙적으로 원물반환(재산 자체의 반환)이
기본입니다.
따라서 큰누나가 원한다면,
둘째누나는 아파트의 일정 지분을 이전해야 할 수도 있고
상담자는 주식의 일정 지분을 이전해야 할 수도 있습니다.

다만 현실적으로는 대부분
금전으로 합의 정산하는 경우가 많습니다.

"그럼 시장 상승은 전부 반환 대상인가요?"

원칙적으로는 상속개시 당시 시가를 기준으로 합니다.

다만,
만약 사전증여받은 자녀가 자기 비용으로 대규모 리모델링을
했다거나,
자기 자금으로 유상증자에 참여했다는 등의
자기 비용 투입으로 인한 가치 증가가 있었다면,
그 증가분까지 모두 유류분 계산에 포함하는 것은 조정될 수 있습니다.

하지만 단순한 시장 상승, 재건축 확정, 주가 상승 등은
대체로 유류분 계산에 반영됩니다.

대법원 2015. 11. 12. 선고 2010다104768 판결

유류분반환의 범위는 상속개시 당시 피상속인의 순재산과 문제 된 증여재산을 합한 재산을 평가하여 그 재산액에 유류분청구권자의 유류분비율을 곱하여 얻은 유류분액을 기준으로 산정하는데, 증여받은 재산의 시가는 상속개시 당시를 기준으로 하여 산정하여야 한다(대법원 2011. 4. 28. 선고 2010다29409 판결 등 참조).

다만 증여 이후 수증자나 수증자로부터 증여재산을 양수받은 자가 자기의 비용으로 증여재산의 성상(성상) 등을 변경하여 상속개시 당시 그 가액이 증가되어 있는 경우, 위와 같이 변경된 성상 등을 기준으로 상속개시 당시의 가액을 산정하면 유류분권리자에게 부당한 이익을 주게 되므로, 이러한 경우에는 그와 같은 변경을 고려하지 않고 증여 당시의 성상 등을 기준으로 상속개시 당시의 가액을 산정하여야 한다.

저자 소개

박 훈

서울시립대학교 세무학과 교수
서울시립대학교 대외협력부총장

박훈은 조세법과 세무학 분야의 대표적인 연구자이자 정책 전문가이다.
서울대학교 법과대학을 졸업하고 동 대학원에서 세법 전공으로 석사와
박사 학위를 취득하였다. 이후 일본 동경대학교 객원연구원, 미국 UC
버클리대학교 방문학자로 활동한바 있다.
서울시립대학교에서 세무학과 교수로 재직하며 대외협력부총장,
교무처장, 학생처장, 입학처장(초대), 자유전공학부장(초대),
세무전문대학원장, 세무학과장 등 주요 보직을 두루 역임하였다.
학계에서는 한국세법학회 회장, 한국국제조세협회 이사장,
한국지방세학회 회장, 한국납세자연합회 회장, 한국법교육학회 회장을
역임하며 우리나라 조세법 연구와 납세자 권익 보호를 이끌어 왔다.
또한 국세청 납세자보호관(개방형 국장), 국무총리실 조세심판원
비상임심판관, 기획재정부 세제발전심의위원회 위원, 행정안전부
지방세발전위원회 위원장, 대통령 직속 정책기획위원회 산하
재정개혁특별위원회 위원, 국정기획위원회 자문위원 등으로 활동하며
조세 정책과 제도 개선에 폭넓게 참여하였다.
2023년 납세자의 날에는 납세자 권익 보호와 조세제도 발전에 기여한
공로로 홍조근정훈장을 수훈하였다.

윤현경

법무법인 라온 변호사·CTA

윤현경은 변호사이자 세무사로서 조세소송, 조세자문, 기업 및 개인 세무
분야에서 활발히 활동하고 있다. 서울시립대학교 세무학과를 졸업하고,
서울시립대학교 법학전문대학원에서 법학전문석사 학위를 취득하였으며,
서울시립대학교 세무전문대학원에서 조세법분야로 세무학박사를
취득하였다.
제40회 세무사시험에 합격하였고, 제1회 변호사시험에 합격하여 세무사와
변호사 자격을 모두 보유한 조세 전문 법률가이다.
법무법인(유) 율촌, 정부법무공단을 거쳐 현재 법무법인 라온에서
변호사로 재직 중이며, 기업과 개인을 대상으로 한 조세 분쟁, 상속·증여,
가업승계, 조세형사, 세무조사 대응 등 실무 전반을 담당하고 있다.
특히 가족 간 재산 이전, 상속·증여 과세, 재산분할과 세금 문제를
집중적으로 연구·자문해 왔으며, 이 책의 기초가 된 박사논문을 통해
가족과 세금의 구조적 문제를 체계적으로 분석하였다.